EBRARD

OEUVRES
DE M. DE BALZAC.

NOUVEAUX
CONTES
PHILOSOPHIQUES.

DE L'IMPRIMERIE DE CRAPELET,
rue de Vaugirard, n° 9.

Maître Cornélius.

> Comme celui qui conte, ainsi comme une histoire,
> Que les fées jadis les enfançons volaient;
> Et, de nuit, aux maisons, secrètes, dévalaient
> Par une cheminée..........
>   (De la Fresnaye-Vauquelin.)

I.

SCÈNES D'ÉGLISE AU XVe SIÈCLE.

En 1479, le jour de la Toussaint, au moment où cette histoire commença, les vêpres étaient dites à la cathédrale de Tours, et l'archevêque, Hélie de Bourdeilles, se levait de son siége pour donner lui-même la bénédiction aux fidèles.

Le sermon ayant duré long-temps, la nuit était venue pendant l'office, et l'obscurité la plus profonde régnait alors dans certaines parties de cette belle église, dont les deux tours n'étaient pas encore achevées. Cependant bon nombre de cierges brûlaient en l'honneur des saints sur les porte-cires triangulaires destinés à recevoir ces pieuses offrandes, dont aucun concile n'a su nous expliquer le mérite; les luminaires de chaque autel et tous les candélabres du chœur étaient allumés; mais ces masses de lumière, inégalement semées à travers la forêt de piliers et d'arcades qui soutient les trois nefs de la cathédrale, en éclairaient à peine l'immense vaisseau. En projetant les fortes ombres des colonnes ou les légères découpures des ornemens sur les hautes et longues galeries de l'édifice, ces clartés vacillantes y produisaient mille fantaisies, et faisaient vigoureusement ressortir les ténèbres dans lesquelles étaient ensevelis les arceaux élevés, les cintres, les voussures, et surtout les chapelles latérales déjà si noires en plein jour. La foule offrait des effets non moins pittoresques. Certaines figures se dessinaient si vaguement dans le clair-obscur qu'on pouvait les prendre pour des fantômes; tandis que plusieurs autres, frappées en plein par des lueurs éparses, attiraient l'attention comme les têtes principales d'un tableau. Puis, les statues semblaient animées, et les hommes pétrifiés; çà et là, des yeux brillaient dans le creux des piliers; la pierre jetait des regards; les marbres parlaient; les voûtes répétaient des soupirs; enfin, l'édifice entier paraissait doué de vie.

L'existence des peuples n'a pas de scènes plus solennelles ni de momens plus majestueux. A l'homme en masse, il faut toujours du mouvement pour faire œuvre de poésie; mais à ces heures de religieuses pensées, quand les richesses humaines sont mariées aux grandeurs célestes, il y a d'incroyables sublimités dans le silence, de la terreur ou de l'espoir dans le repos, de l'éloquence dans les genoux pliés et dans les mains jointes. Le concert de sentimens qui résume la force des âmes en un même élan produit alors un inexplicable phénomène de spiritualité. La mystique exaltation de tous les fidèles assemblés réagit probablement sur chacun d'eux, et le plus faible est porté peut-être sur les flots de cet océan d'amour et de foi. Puissance tout électrique, la prière arrache ainsi notre nature à elle-même en la concentrant; et cette involontaire union de toutes les volontés, également prosternées à terre, également élevées aux cieux, contient sans doute le secret des magiques influences que possèdent le chant des prêtres et les mélodies de l'orgue, les parfums et les pompes de l'autel, les voix de la foule et ses contemplations silencieuses.

Aussi ne devons-nous pas être étonnés de voir au moyen âge tant d'amours commencées à l'église après de longues extases, amours souvent dénouées peu saintement, mais dont les femmes finissaient, comme toujours, par faire pénitence. Le sentiment religieux avait alors certaines affinités avec l'amour; il en était ou le principe ou la fin. Alors, l'amour était encore une religion; il avait encore son beau fanatisme, ses superstitions naïves, ses dévouemens sublimes qui sympathisaient avec ceux du christianisme; et si leurs mystères concordaient si complaisamment, les mœurs de l'époque peuvent assez bien expliquer cette singulière alliance.

D'abord, la société ne se trouvait guère en présence que devant les autels. Seigneurs et vassaux, hommes et femmes n'étaient égaux que là; là seulement, les amans savaient se voir et correspondre. Puis, les fêtes ecclésiastiques composaient presque tout le spectacle du temps; et l'âme d'une femme était alors plus vivement remuée au milieu des cathédrales qu'elle ne l'est aujourd'hui dans un bal ou à l'Opéra : or, presque toutes les fortes émotions ramènent les femmes à l'amour. Enfin, à force de se mêler à la vie et de la saisir dans tous ses actes, la religion s'était rendue également complice et des vertus et des vices. La religion avait passé dans la science, dans la politique, dans l'éloquence, dans les crimes, sur les trônes et dans la peau du madale et du pauvre; elle était tout.

Ces observations demi-savantes justifieront peut-être la vérité de cette historiette, dont certains détails pourraient effaroucher la morale perfectionnée de notre siècle, un peu *collet-monté*, comme chacun sait.

Au moment où le chant des prêtres vint à cesser, quand les dernières notes de l'orgue se mêlèrent aux vibrations de l'*amen* sorti de la forte poitrine des chantres, et pendant qu'un léger murmure retentissait encore sous les voûtes lointaines, au moment où toute cette assemblée attendait, dans le recueillement, la bienfaisante parole du prélat, un bourgeois, pressé de rentrer en son logis, ou craignant pour sa bourse le tumulte de la sortie, se retira doucement, au risque d'être réputé mauvais catholique.

Aussitôt, un gentilhomme tapi contre un des énormes piliers qui environnent le chœur, où il était resté comme perdu dans l'ombre, s'empressa de venir prendre la place abandonnée par le prudent Tourangeau ; mais, en y arrivant, il se cacha promptement le visage dans les plumes qui ornaient son haut bonnet gris, et s'agenouilla sur la chaise avec un air de contrition auquel un inquisiteur aurait pu croire.

Après l'avoir assez attentivement regardé, ses voisins parurent le reconnaître, et se remirent à prier en laissant échapper certain geste indéfinissable, par lequel ils exprimèrent une même pensée, pensée caustique, railleuse ; c'était comme une médisance muette. Deux vieilles femmes hochèrent même la tête en se jetant un mutuel coup d'œil, et ce coup d'œil voyait dans l'avenir.

La chaise, dont le jeune homme s'était emparé, se trouvait près d'une chapelle pratiquée entre deux piliers, et fermée par une grille de fer.

Le chapitre louait, moyennant d'assez fortes redevances, à certaines familles seigneuriales, ou même à de riches bourgeois, le droit d'assister aux offices, exclusivement, eux et leurs gens, dans les chapelles latérales, situées le long des deux petites nefs qui tournent autour de la cathédrale. Cette simonie se pratique encore aujourd'hui. Une femme avait alors sa chapelle à l'église, comme de nos jours elle prend une loge aux Italiens. Les locataires de ces places privilégiées ayant en outre la charge d'entretenir l'autel qui leur était concédé, chacun mettait son amour-propre à décorer somptueusement le sien, vanité dont l'église s'accommodait assez bien.

Or, dans cette chapelle et près de la grille, une jeune dame était agenouillée sur un beau carreau de velours rouge à glands d'or, précisément auprès de la place précédemment occupée par le bourgeois. Une lampe d'argent vermeil suspendue à la voûte de la chapelle, devant un autel magnifiquement orné, jetait sa pâle lumière sur le livre d'Heures que tenait la dame; et ce livre trembla violemment dans ses mains quand le jeune homme vint près d'elle.

— Amen......

A ce répons, chanté d'une voix douce, mais cruellement agitée, et qui heureusement se confondit dans la clameur générale, elle ajouta vivement et à voix basse :

— Vous me perdez !....

Cette parole fut dite avec un accent d'innocence auquel devait obéir un homme délicat; elle allait au cœur et le perçait; mais l'inconnu, sans doute emporté par un de ces paroxysmes de passion qui étouffent la conscience, resta sur sa chaise et releva légèrement la tête, pour jeter un coup d'œil dans la chapelle.

— Il dort !.... répondit-il d'une voix si bien assourdie, que cette réponse dut être entendue par la jeune femme comme un son par l'écho.

Elle pâlit; et son regard furtif, quittant pour un moment le vélin du livre, se dirigea sur un vieillard que le jeune homme avait regardé.

Quelle terrible complicité ne se trouvait-il pas dans cette œillade !....

Lorsque la jeune femme eut examiné ce vieillard, elle respira fortement et leva son beau front orné d'une pierre précieuse vers un tableau où la Vierge était peinte ; ce simple mouvement, son attitude, son regard mouillé, disaient toute sa vie avec une imprudente naïveté. Perverse, elle eût été dissimulée.

Le personnage qui faisait tant de peur aux deux amans était un petit vieillard, bossu, presque chauve, de physionomie farouche, ayant une large barbe d'un blanc sale et taillée en éventail. La croix de Saint-Michel brillait sur sa poitrine. Ses mains rudes, fortes, sillonnées de poils gris, et que, d'abord, il avait sans doute jointes, s'étaient légèrement désunies pendant le sommeil auquel il se laissait si imprudemment aller. Sa main droite semblait prête à tomber sur sa dague, dont la garde formait une espèce de grosse coquille en fer sculpté. Par la manière dont il avait rangé son arme, le pommeau se trouvait sous sa main ; et si, par malheur, elle venait à toucher le fer, nul doute qu'il ne s'éveillât aussitôt, et ne jetât un regard sur sa femme. Or, il y avait sur ses lèvres sardoniques, et dans son menton pointu capricieusement relevé, les signes caractérisques d'un malicieux esprit, d'une sagacité froidement cruelle qui devait lui permettre de tout deviner, parce qu'il savait tout supposer. Son front jaune était plissé comme celui des hommes habitués à ne rien croire, à tout peser, et qui, semblables aux avares faisant trébucher leurs pièces d'or, cherchent le sens et la valeur exacte des actions humaines. Il avait une charpente osseuse et solide ; il était nerveux, paraissait très irritable ; bref, vous eussiez dit un ogre manqué.

Donc, au réveil de ce terrible seigneur, un inévitable danger attendait nécessairement la jeune dame; car, mari jaloux, il ne manquerait pas de reconnaître la différence qui existait entre le vieux bourgeois, dont il n'avait pas pris ombrage, et le nouveau venu, courtisan jeune, svelte, élégant.

— *Libera nos à malo !....* dit-elle en essayant de faire comprendre ses craintes au cruel jeune homme.

Celui-ci leva la tête vers elle et la regarda. Il avait des pleurs dans les yeux ; pleurs d'amour ou de désespoir. A cette vue la dame tressaillit, elle se perdit. Tous deux résistaient sans doute depuis long-temps, et ne pouvaient peut-être plus résister à un amour grandi de jour en jour par d'invincibles obstacles, couvé par la terreur, fortifié par la jeunesse.

La dame était médiocrement belle, mais son teint pâle accusait de secrètes souffrances qui la rendaient intéressante, rien qu'à la voir. Au reste, elle avait les formes distinguées et les plus beaux cheveux du monde. Gardée par un tigre, elle risquait peut-être sa vie en disant un mot, en se laissant presser la main, en accueillant un regard. Si jamais amour n'avait été plus profondément enseveli dans deux cœurs, plus délicieusement savouré, jamais aussi passion ne devait être si périlleuse. Il était facile de deviner que, pour ces deux êtres, il y avait dans l'air, dans les sons, dans le bruit des pas, dans les dalles, dans les choses les plus indifférentes aux autres hommes, des qualités sensibles, des propriétés particulières qu'ils devinaient; et peut-être l'amour leur faisait-il trouver des truchemens fidèles jusque dans les mains glacées du vieux prêtre auquel ils allaient dire leurs péchés, ou dont ils recevaient une hostie en approchant de la sainte table; amour profond, amour entaillé dans l'âme comme, dans le corps, une cicatrice qu'il faut garder pendant toute la vie.

Quand ces deux jeunes gens se regardèrent, la femme sembla dire à son amant :

— Périssons, mais aimons-nous !....

Et le cavalier parut lui répondre :

— Nous nous aimerons, et ne périrons pas !....

Alors, par un mouvement de tête plein de mélancolie, elle lui montra une vieille duègne et deux pages. La duègne dormait. Les deux pages étaient jeunes, et paraissaient assez insoucians de ce qui pouvait arriver de bien ou de mal à leur maître.

— Ne vous effrayez pas à la sortie, et laissez-vous faire.....

A peine le gentilhomme eut-il dit ces paroles à voix basse, que la main du vieux seigneur coula sur le pommeau de son épée. En sentant la froideur du fer, le vieillard s'éveilla soudain. Ses yeux jaunes se fixèrent aussitôt sur sa femme ; et, par un privilége assez rarement accordé même aux hommes de génie, il retrouva son intelligence aussi nette et ses idées aussi lucides que s'il n'avait pas sommeillé. C'était un jaloux !....

Si le jeune cavalier donnait un œil à sa maîtresse, de l'autre, il guignait le mari ; alors, il se leva lestement, et s'effaça derrière le pilier au moment où la main du vieillard voulut se mouvoir ; puis il disparut, léger comme un oiseau. Ayant promptement baissé les yeux, la dame feignit de lire et tâcha de paraître calme ; mais elle ne pouvait empêcher son visage de rougir, et son cœur de battre avec une violence inusitée. Le vieux seigneur entendit le bruit des pulsations profondes et sonores qui retentissaient dans la chapelle, remarqua l'incarnat extraordinaire répandu sur les joues, sur le front, sur les paupières de sa femme ; et alors, il regarda prudemment autour de lui ; mais, ne voyant personne dont il dût se défier :

— A quoi pensez-vous donc, ma mie ?.... lui dit-il.

— L'odeur de l'encens me fait mal..... répondit-elle.

— Il est donc mauvais d'aujourd'hui !.... répliqua le seigneur.

Malgré cette observation, le rusé vieillard feignit de croire à cette défaite ; et, soupçonnant quelque trahison secrète, il résolut de veiller encore plus attentivement sur son trésor.

La bénédiction était donnée. Sans attendre la fin du *secula seculorum*, la foule se précipitait comme un torrent vers les portes de l'église. Le seigneur attendit prudemment, suivant son habitude, que l'empressement général fût calmé; puis il sortit en faisant marcher devant lui la duègne et le plus jeune page qui portait un fallot. Il donna le bras à sa femme, et l'autre page les suivit.

Au moment où le vieux seigneur allait atteindre la porte latérale ouverte dans la partie orientale du cloître, et par laquelle il avait coutume de sortir, un flot du monde se détacha de la foule qui obstruait le grand portail. En refluant avec impatience vers la petite nef où se trouvait la famille, cette masse compacte l'empêcha de retourner sur ses pas. Alors le seigneur et sa femme furent poussés au-dehors par la puissante pression de cette multitude. Le mari tâcha de passer le premier en tirant fortement la dame par le bras; mais, en ce moment, il fut entraîné vigoureusement dans la rue, et sa femme lui fut arrachée par le bras d'un étranger.

Le terrible bossu comprit soudain qu'il était tombé dans une embûche préparée de longue main. Se repentant d'avoir dormi si long-temps, il rassembla toute sa force ; d'une main, ressaisit sa femme par la manche de sa robe, et, de l'autre, essaya de se cramponner à la porte. Mais l'ardeur de l'amour l'emporta sur la rage de la jalousie ; et le jeune gentil-homme, prenant sa maîtresse par la taille, l'enleva si rapidement et avec une telle force de désespoir, que l'étoffe de soie et d'or, le brocart et les baleines, se déchirèrent bruyam-ment. La manche resta seule au mari. Un rugissement de lion couvrit aussitôt les cris poussés par la multitude, et l'on entendit bientôt une voix terrible hurlant ces mots :

—A moi, Poitiers!.... Au portail, les gens du comte de Saint-Vallier!... Au secours!.... Ici !

Et le comte Aymar de Poitiers, sire de Saint-Vallier, tenta de tirer son épée et de se faire faire place ; mais il se vit environné, pressé par trente ou quarante gentilshommes qu'il était dangereux de blesser, et parmi les-quels plusieurs, de haut rang, lui répondi-rent par des quolibets en l'entraînant avec eux.

Le ravisseur avait emmené la comtesse, avec la rapidité de l'éclair, dans une chapelle ouverte où il l'assit derrière un confessionnal, sur un banc de bois. A la lueur des cierges qui brûlaient devant l'image du saint auquel cette chapelle était dédiée, ils se regardèrent un moment en silence, en se pressant les mains, étonnés l'un et l'autre de leur audace; et la comtesse n'eut pas le cruel courage de reprocher au jeune homme la hardiesse à laquelle ils devaient ce périlleux, ce premier instant de bonheur.

— Voulez-vous fuir avec moi dans les États voisins? lui dit vivement le gentilhomme. J'ai près d'ici deux genets d'Angleterre capables de faire trente lieues d'une seule traite.

— Hé! s'écria-t-elle doucement, il n'y a d'asile en aucun lieu du monde pour une fille du roi Louis!....

— C'est vrai!.... répondit le jeune homme stupéfait de n'avoir pas prévu cette difficulté de son entreprise.

— Pourquoi donc m'avez-vous arrachée à mon mari?... demanda-t-elle avec une sorte de terreur.

— Hélas!.... reprit le cavalier, je n'ai pas

compté sur le trouble où je suis en me trouvant près de vous, en vous entendant me parler, en recueillant vos regards!.... J'ai conçu deux ou trois plans; eh bien! maintenant, tout me semble accompli, puisque je vous vois.....

— Mais je suis perdue!..... dit la comtesse.

— Nous sommes sauvés!.... répliqua le gentilhomme avec l'aveugle enthousiasme de l'amour. Écoutez-moi!....

— Ceci me coûtera la vie!... reprit-elle en laissant couler les larmes qui roulaient dans ses yeux. Le comte me tuera ce soir peut-être! Mais, allez chez le roi! racontez-lui les tourmens que depuis cinq ans sa fille a endurés.... Il m'aimait bien quand j'étais petite; et il m'appelait en riant *Marie-pleine-de-grâce*, parce que j'étais laide!.... Ah! s'il savait à quel homme il m'a donnée, il se mettrait dans une terrible colère..... Si je n'ai pas osé me plaindre, c'est par pitié pour le comte!..... D'ailleurs, comment ma voix serait-elle parvenue jusqu'au roi!..... Mon confesseur lui-même est un espion de Saint-Vallier. — Si je me suis prêtée à ce coupable enlèvement, c'est dans l'espoir de vous avoir pour défenseur ; mais puis-je me fier à.....

— Oh! dit-elle en pâlissant et s'interrompant, voici le page!....

La pauvre comtesse se fit comme un voile avec ses mains pour se cacher la figure.

— Ne craignez rien!... reprit le jeune seigneur, il est gagné! Vous pouvez vous servir de lui en toute assurance, il m'appartient.... Et.... quand le comte viendra vous chercher, il nous préviendra de son arrivée.

— Il y a dans ce confessionnal, ajouta-t-il à voix basse, un chanoine de mes amis; il sera censé vous avoir retirée de la bagarre, et mise sous sa protection dans cette chapelle.

— Ainsi, tout est prévu pour tromper Saint-Vallier.....

A ces mots, les larmes de la comtesse se séchèrent; mais une expression de tristesse vint rembrunir son front par degrés.

— On ne le trompe pas! dit-elle. Ce soir, il saura tout!.... Prévenez ses coups..... — Allez au Plessis, voyez le roi, dites-lui que....

Elle hésita; mais quelque souvenir lui ayant donné le courage d'avouer les secrets du mariage :

— Eh bien ! oui, reprit-elle ; dites-lui que, pour se rendre maître de moi, le comte me fait saigner aux deux bras, et m'épuise... dites qu'il m'a traînée par les cheveux.... dites que je suis prisonnière..... dites que.....

Son cœur se gonfla, les sanglots expirèrent dans son gosier, quelques larmes tombèrent de ses yeux ; et, dans son agitation, elle se laissa baiser les mains par le jeune homme auquel il échappait des mots sans suite.

— Personne ne peut parler au roi...... Pauvre petite !.... J'ai beau être le neveu du grand-maître des arbalétriers, je n'entrerai pas ce soir au Plessis !.... Ma chère dame..... ma belle souveraine ! — Mon Dieu, a-t-elle souffert !... Marie, laissez-moi vous dire deux mots, ou nous sommes perdus !....

— Que devenir ?.... s'écria-t-elle.

Puis, apercevant à la noire muraille un tableau de la Vierge, sur lequel tombait la lueur de la lampe :

— Sainte mère de Dieu, conseillez-nous !... dit-elle.

— Ce soir, reprit le jeune seigneur, je serai chez vous !....

— Et comment?.... demanda-t-elle naïvement.

Ils étaient dans un si grand péril, que leurs plus douces paroles semblaient dénuées d'amour.

— Ce soir, reprit le gentilhomme, je vais aller m'offrir en qualité d'apprenti à maître Cornélius, l'argentier du roi ; j'ai su me procurer une lettre de recommandation qui me fera recevoir. Son logis est voisin du vôtre. Une fois sous le toit de ce vieux ladre, à l'aide d'une échelle de soie, je saurai trouver le chemin de votre appartement.....

— Oh! dit-elle pétrifiée d'horreur, si vous m'aimez, n'allez pas chez maître Cornélius!...

— Ah! s'écria-t-il en la serrant contre son cœur avec toute la force que l'on se sent à son âge, vous m'aimez donc!....

— Oui, dit-elle. N'êtes-vous pas mon espérance? Vous êtes gentilhomme, je vous confie mon honneur!

— D'ailleurs, reprit-elle en le regardant avec dignité, je suis trop malheureuse pour que vous trahissiez ma foi. Mais à quoi bon tout ceci?.... Allez, laissez-moi mourir plutôt que d'entrer chez Cornélius! Ne savez-vous pas que tous ses apprentis.....

— Ont été pendus! reprit en riant le gentilhomme; mais croyez-vous que ses trésors me tentent?....

— Oh! n'y allez pas, vous y seriez victime de quelque sorcellerie!....

— Je ne saurais trop payer le bonheur de vous servir! répondit-il en lui lançant un regard de feu qui lui fit baisser les yeux.

— Et mon mari?.... dit-elle.

— Voici qui l'endormira!... reprit le jeune homme, en tirant de sa ceinture un petit flacon.

— Pas pour toujours?... demanda la comtesse en tremblant.

Pour toute réponse, le gentilhomme fit un geste d'horreur.

— Je l'aurais déjà défié en combat singulier, s'il n'était pas si vieux!.... ajouta-t-il; mais Dieu me garde jamais de vous en défaire en lui donnant le boucon!....

— Pardon!.... dit la comtesse en rougissant, je suis cruellement punie de mes péchés. Dans un moment de désespoir, j'ai voulu tuer le comte, et je craignais que vous n'eussiez eu le même désir..... Ma douleur est grande de n'avoir point encore pu me confesser de cette mauvaise pensée; mais j'ai eu peur que mon idée ne lui fût découverte, et qu'il ne s'en vengeât.....

— Je vous fais honte!... reprit-elle, offensée du silence que gardait le jeune homme. J'ai mérité ce blâme.

Elle brisa le flacon en le jetant à terre avec une soudaine violence.

— Ne venez pas!... s'écria-t-elle, le comte a le sommeil léger. Mon devoir est d'attendre secours du ciel; ainsi ferai-je!....

Elle voulut sortir.

— Ah! s'écria le gentilhomme, ordonnez, je le tuerai, madame!.... Vous me verrez ce soir.

— J'ai été sage de dissiper cette drogue!... répliqua-t-elle d'une voix éteinte par le plaisir de se voir si ardemment aimée. La peur de réveiller mon mari nous sauvera de nous-mêmes.

— Je vous fiance ma vie!.... dit le jeune homme en lui serrant la main.

— Si le roi le veut, le pape saura casser mon mariage; et alors nous serions unis!... reprit-elle en lui lançant un regard plein de délicieuses espérances.

En ce moment, le page accourut.

— Voici monseigneur! s'écria-t-il.

Aussitôt le gentilhomme, étonné du peu de temps pendant lequel il était resté près de sa maîtresse, et surpris de la célérité du comte, prit un baiser que sa maîtresse ne sut pas refuser; puis il lui dit :

— A ce soir!....

Il s'esquiva de la chapelle; et, à la faveur de l'obscurité, gagna le grand portail en s'évadant de pilier en pilier dans la longue trace d'ombre que chaque grosse colonne projetait à travers l'église.

Un vieux chanoine sortit tout à coup du confessionnal, vint se mettre auprès de la comtesse, et ferma doucement la grille devant laquelle le page se promena gravement avec une assurance de meurtrier.

De vives clartés annoncèrent le comte. Accompagné de quelques amis et de gens qui portaient des torches, il tenait à la main son épée nue, et ses yeux sombres semblaient percer les ténèbres profondes et visiter les coins les plus noirs de la cathédrale.

— Monseigneur, madame est là!... lui dit le page en allant au-devant de lui.

Le sire de Saint-Vallier trouva sa femme agenouillée aux pieds de l'autel, et le chanoine, debout, disant son bréviaire. A ce spectacle, il secoua vivement la grille, comme pour donner pâture à sa rage.

— Que voulez-vous, une épée nue à la main dans l'église?.... demanda le chanoine.

— Mon père, monsieur est mon mari!.... répondit la comtesse.

Alors le prêtre tira la clef de sa manche, et ouvrit la chapelle. Le comte jeta presque malgré lui des regards autour du confessionnal, y entra; puis, il se mit à écouter le silence de la cathédrale.

— Monsieur, lui dit sa femme, vous devez des remercîmens à ce vénérable chanoine qui m'a retirée ici.....

Le sire de Saint-Vallier, pâlissant de colère, n'osant regarder ses amis, qui étaient venus là plutôt pour rire de lui que pour l'assister, repartit brièvement :

— Merci Dieu!.... mon père, je trouverai moyen de vous récompenser!

Il prit sa femme par le bras; puis, sans la laisser achever sa révérence au chanoine, il fit un signe à ses gens, et sortit de l'église sans dire un mot à ceux qui l'avaient accompagné. Son silence avait quelque chose de farouche.

Impatient d'être au logis, et préoccupé des moyens de découvrir la vérité, il se mit en marche à travers les rues tortueuses qui, à cette époque, séparaient la cathédrale du portail de la chancellerie, où s'élevait le bel hôtel alors récemment bâti par le chancelier Juvénal des Ursins, sur l'emplacement d'une ancienne fortification que Charles VII avait donnée à ce fidèle serviteur, en récompense de ses glorieux labeurs.

Là commençait une rue, nommée, depuis lors, de la Scéellerie, en mémoire des sceaux qui y furent long-temps. Elle joignait le vieux Tours au bourg de Châteauneuf, où se trouvait la célèbre abbaye de Saint-Martin, dont tant de rois furent simples chanoines.

Depuis cent ans, et après de longues discussions, ce bourg avait été réuni à la ville. Beaucoup des rues adjacentes à celle de la Scéellerie, et qui forment aujourd'hui le centre du Tours moderne, étaient déjà construites; mais les plus beaux hôtels, et notamment celui du trésorier Xancoings, maison qui subsiste encore dans la rue du Commerce, étaient situés dans la commune de Châteauneuf.

Ce fut par là que les porte-flambeaux du sire de Saint-Vallier le guidèrent vers la partie du bourg qui avoisinait la Loire. Il suivait machinalement ses gens, lançant de temps à autre un coup d'œil sombre à sa femme et au page, en tâchant de surprendre entre eux un regard d'intelligence qui jetât quelque lumière sur le singulier événement dont il était stupéfait et désespéré.

Enfin il arriva dans la rue du Mûrier, où son logis était situé. Lorsque tout le cortége fut entré, que la lourde porte fut fermée, un profond silence régna dans cette petite rue étroite, où logeaient alors quelques seigneurs; ce nouveau quartier de la ville étant le plus rapproché du Plessis, séjour habituel du roi.

La dernière maison de cette rue était aussi la dernière de la ville, et appartenait à maître Cornélius Hoogworst, vieux négociant brabançon, auquel le roi Louis XI accordait toute sa confiance pour les transactions financières que sa politique astucieuse l'obligeait à faire au-dehors du royaume.

Par des raisons toutes favorables à la tyrannie qu'il exerçait sur sa femme, le comte de Saint-Vallier s'était jadis établi dans un hôtel contigu au logis de ce maître Cornélius; et la topographie des lieux expliquera les bénéfices que cette situation pouvait offrir à un jaloux.

En effet, la maison du comte, nommée l'*hôtel de Poitiers*, avait un jardin bordé par le mur et le fossé qui servaient d'enceinte à l'ancien bourg de Châteauneuf, et près desquels passait la levée récemment construite par Louis XI entre Tours et le Plessis. Or, de ce côté, des chiens défendaient l'accès du logis. Puis, une grande cour le séparait, à gauche, des maisons voisines; alors, il n'avait de contact qu'avec le logis de ce maître Cornélius, auquel il se trouvait adossé par son flanc droit.

Ainsi, la maison du défiant et rusé seigneur, isolée de trois côtés, ne pouvait être nuitamment envahie que par les habitans de la maison brabançonne, dont les combles et les chéneaux de pierre se mariaient à ceux de l'hôtel de Poitiers.

Sur la rue, toutes les fenêtres de la façade, étroites et découpées dans la pierre, étaient, suivant l'usage de ce temps, garnies de barreaux en fer; et la porte, basse et voûtée comme les portes de nos vieilles prisons, avait une solidité à toute épreuve. Un banc de pierre, qui servait de montoir, se trouvait près du porche.

En voyant le profil des logis occupés par maître Cornélius et par le comte, il était facile de croire que les deux maisons avaient été bâties par le même architecte, et destinées à des tyrans.

Toutes deux, d'aspect sinistre, ressemblaient à de petites forteresses, et pouvaient être long-temps défendues avec avantage contre une populace furieuse. Les angles en étaient protégés par des tourelles semblables à celles que les amateurs d'antiquités remarquent dans certaines villes où le marteau des démolisseurs n'a pas encore passé. Les baies, ayant peu de largeur, permettaient de donner une force de résistance prodigieuse aux volets ferrés et aux portes. Les émeutes et les guerres civiles, si fréquentes en ces temps de discorde, justifiaient toutes ces précautions.

Lorsque six heures sonnèrent au clocher de l'abbaye Saint-Martin, le gentilhomme amoureux de la comtesse passa devant l'hôtel de Poitiers, et s'y arrêta pendant un moment. Il entendit dans la salle basse le bruit que faisaient les gens du comte en soupant; et, après avoir jeté un regard sur la chambre où il présumait que devait être sa dame, il alla vers la porte du logis voisin.

Partout, sur son chemin, le jeune seigneur avait entendu les accens joyeux des repas faits, dans les maisons de la ville, en l'honneur de la fête. Toutes les fenêtres, mal jointes, laissaient passer des rayons de lumière; les cheminées fumaient; et les bonnes odeurs des rôtisseries pénétraient dans les rues. L'office achevé, la ville entière se rigolait, et poussait des murmures que l'imagination comprend mieux que la parole ne les peint. Mais, en cet endroit, régnait un profond silence. Il y avait dans ces deux logis deux passions qui ne se réjouissent jamais. Au-delà les campagnes se taisaient; et là, sous l'ombre des clochers de l'abbaye Saint-Martin, ces deux maisons, muettes aussi, séparées des autres, et situées dans le bout le plus tortueux de la rue, ressemblaient à une léproserie. Le logis qui leur faisait face, appartenant à des criminels d'état, était sous un séquestre.

Un jeune homme devait être facilement impressionné par ce subit contraste; aussi, sur le point de se lancer dans une entreprise horriblement hasardeuse, le gentilhomme resta pensif devant la maison du Lombard, en se rappelant tous les contes dont maître Cornélius était le sujet, et qui avaient causé le singulier effroi de la comtesse.

A cette époque, un homme de guerre, et même un amoureux, tout tremblait au mot de magie; car, alors, il se rencontrait peu d'imaginations incrédules pour les faits bizarres, ou froides aux récits merveilleux; et l'amant de la comtesse de Saint-Vallier, une des filles que Louis XI avait eues de madame de Sassenage, en Dauphiné, tout hardi qu'il pût être, devait y regarder à deux fois au moment d'entrer dans une maison ensorcelée.

L'histoire de maître Cornélius Hoogworst expliquera complétement la sécurité que le

Lombard avait inspirée au sire de Saint-Vallier, la terreur manifestée par la comtesse, et l'hésitation qui arrêtait l'amant; mais, pour faire comprendre entièrement à des lecteurs du dix-neuvième siècle, comment des événemens assez vulgaires en apparence étaient devenus surnaturels, et pour leur faire partager les frayeurs du vieux temps, il est nécessaire d'interrompre légèrement cette histoire pour jeter un rapide coup d'œil sur les aventures de maître Cornélius.

II.

LE TORÇONNIER.

Cornélius Hoogworst, l'un des plus riches commerçans de Gand, s'étant attiré l'inimitié de Charles, duc de Bourgogne, avait trouvé asile et protection à la cour de Louis XI.

Le roi, concevant tout le parti qu'il pouvait tirer d'un homme lié avec les principales maisons de Flandre, de Venise et du Levant, avait anobli, naturalisé, et même flatté maître Cornélius, ce qui arrivait rarement à Louis XI.

Le monarque plaisait, d'ailleurs, au Flamand, autant que le Flamand plaisait au monarque. Tous deux rusés, défians, avares ; également politiques, également instruits ; supérieurs tous deux à leur époque, ils se comprenaient à merveille ; quittaient et reprenaient avec une même facilité, l'un, sa conscience, l'autre, sa dévotion ; ils aimaient la même Vierge ; l'un par conviction, l'autre par flatterie ; enfin, s'il fallait en croire les propos jaloux d'Olivier le Daim et de Tristan, le roi allait se divertir dans la maison du Lombard, mais comme se divertissait Louis XI. L'histoire a pris soin de nous transmettre les goûts licencieux de ce monarque, auquel la débauche ne déplaisait pas ; et le vieux Brabançon trouvait sans doute joie et profit à se prêter aux capricieux plaisirs de son royal client.

Cornélius habitait la ville de Tours depuis neuf ans ; et pendant ces neuf années il s'était passé chez lui des événemens extraordinaires qui l'avaient rendu l'objet de l'exécration générale. En arrivant, il dépensa dans sa maison des sommes assez considérables pour y mettre ses trésors en sûreté. Les inventions que les serruriers de la ville exécutèrent secrètement pour lui, les précautions bizarres qu'il avait prises pour les amener dans son logis de manière à s'assurer forcément de leur discrétion, furent pendant long-temps le sujet de mille contes merveilleux qui charmèrent les veillées de Touraine. Les singuliers artifices du vieillard le faisaient supposer possesseur de richesses orientales. Aussi les narrateurs de ce pays, la patrie du conte en France, bâtissaient des chambres d'or et de pierreries chez le Flamand, et ne manquaient pas d'attribuer à des pactes magiques la source de cette immense fortune.

Maître Cornélius avait amené jadis avec lui deux valets flamands, une vieille femme, plus un jeune apprenti de figure douce et prévenante. Ce jeune homme lui servait de secrétaire, de caissier, de factotum et de courrier.

Dans la première année de son établissement à Tours, un vol considérable eut lieu chez lui. Les enquêtes judiciaires prouvèrent que le crime avait été commis par un habitant de la maison. Là-dessus, le vieil avare fit mettre en prison ses deux valets et son commis.

Le jeune homme était faible, il périt dans

les souffrances de la question, tout en protestant de son innocence.

Les deux valets avouèrent le crime pour éviter les tortures ; mais quand le juge leur demanda où étaient les sommes volées, ils gardèrent le silence, furent réappliqués à la question, jugés, condamnés, et pendus. En allant à l'échafaud, ils persistèrent à se dire innocens, suivant l'habitude de tous les pendus.

La ville de Tours s'entretint long-temps de cette singulière affaire; mais comme c'étaient des Flamands, l'intérêt que ces malheureux et que le jeune commis avaient excité s'évanouit promptement; car les guerres et les séditions de ce temps-là fournissaient des émotions perpétuelles, et le drame du jour faisait pâlir celui de la veille.

Plus chagrin de la perte énorme qu'il avait éprouvée que de la mort de ses trois domestiques, maître Cornélius resta seul avec la vieille Flamande qui était sa sœur. Il obtint du roi la faveur de se servir des courriers de l'État pour ses affaires particulières, mit ses mules chez un muletier du voisinage, et vécut, dès ce moment, dans la plus profonde solitude, ne voyant guère que le roi, faisant son commerce par le canal des juifs, habiles calculateurs, qui le servaient fidèlement, afin d'obtenir sa toute-puissante protection.

Cependant, quelque temps après cette aventure, le roi procura lui-même à son vieux *torçonnier* (¹) (Louis XI appelait ainsi familièrement maître Cornélius) un jeune orphelin, auquel il portait beaucoup d'intérêt. Le pauvre enfant s'adonna soigneusement aux affaires du Lombard, sut lui plaire, et gagna ses bonnes grâces. Mais, pendant une nuit d'hiver, les diamans déposés entre les mains de Cornélius par le roi d'Angleterre, pour la sûreté d'une somme de cent mille écus, ayant été volés, les soupçons tombèrent sur l'orphelin. Louis XI se montra d'autant plus sévère pour lui qu'il avait répondu de sa fidélité. Aussi le malheureux fut-il pendu, après

---

(¹) *Torçonnier*. Ce vieux mot signifiait, sous le règne de Saint-Louis, un usurier, un collecteur d'impôts, un homme qui vous pressure par des moyens violens. L'épithète *tortionnaire*, restée au palais, explique assez bien le mot *torçonnier* qui se trouve souvent écrit ainsi : *tortionneur*.

une interrogation assez sommairement faite par le grand prevôt.

Personne n'osait aller apprendre l'art de la banque et le change chez maître Cornélius. Cependant, deux jeunes gens de la ville, Tourangeaux pleins d'honneur et désireux de fortune, y entrèrent successivement. Des vols considérables coïncidèrent avec l'admission des deux jeunes gens dans la maison du torçonnier; et les circonstances dont ces crimes furent accompagnés, la manière dont ils furent exécutés, prouvaient si clairement que les auteurs avaient des intelligences secrètes avec les habitans du logis, qu'il était impossible de ne pas en accuser les nouveau-venus. Le Brabançon, étant devenu de plus en plus soupçonneux et vindicatif, déféra sur-le-champ la connaissance de ce fait à Louis XI, qui chargea son grand prevôt de ces affaires; et chaque procès fut promptement instruit, et plus promptement terminé.

Le patriotisme des Tourangeaux donna secrètement tort à la promptitude de Tristan. Coupables ou non, les deux jeunes gens passèrent pour des victimes, et Cornélius pour un bourreau. Les deux familles en deuil étaient estimées, leurs plaintes furent écoutées; et, de conjectures en conjectures, elles parvinrent à faire croire à l'innocence de tous ceux que l'argentier du roi avait envoyés à la potence.

Les uns prétendaient que le cruel avare, imitant le roi, essayait de mettre la terreur et les gibets entre le monde et lui; qu'il n'avait jamais été volé; que ces tristes exécutions étaient le résultat d'un froid calcul, et qu'il voulait être sans crainte pour ses trésors. Le premier effet de ces rumeurs populaires fut d'isoler Cornélius. Les Tourangeaux le traitèrent comme un pestiféré; l'appelèrent *le tortionnaire;* nommèrent son logis la *Malemaison;* et, quand même le Lombard aurait pu trouver des étrangers assez hardis pour entrer chez lui, tous les habitans de la ville les en eussent empêchés par leurs dires.

L'opinion la plus favorable à maître Cornélius était celle des gens qui le regardaient comme un homme funeste. Il inspirait aux uns une terreur instinctive; aux autres, ce respect profond que l'on porte à un pouvoir sans bornes ou à l'argent; pour plusieurs personnes, il avait tout l'attrait du mystère. Son genre de vie, sa physionomie, et la faveur du roi, justifiaient tous les contes dont il était devenu le sujet. Cornélius voyageait assez souvent en pays étrangers, depuis la mort de son persécuteur le duc de Bourgogne; or, pendant son absence, le roi faisait garder le logis du banquier par des hommes de sa compagnie écossaise. Cette royale sollicitude faisait présumer aux courtisans que le vieillard avait légué sa fortune à Louis XI.

Comme il sortait très peu, les seigneurs de la cour lui rendaient de fréquentes visites; il leur prêtait assez libéralement de l'argent; mais il était fantasque : à certains jours il ne leur aurait pas donné un sou parisis; le lendemain, il vous offrait des sommes immenses, moyennant toutefois un bon intérêt et de grandes sûretés.

Du reste, il était bon catholique, allait régulièrement aux offices, mais il venait à Saint-Martin de très bonne heure; et comme il y avait acheté une chapelle à perpétuité, là, comme ailleurs, il était séparé des autres chrétiens. Enfin un proverbe populaire de cette époque, et qui subsista long-temps à Tours, était cette phrase : — Vous avez passé devant le Lombard, il vous arrivera malheur.

— *Vous avez passé devant le Lombard!....* expliquait les maux soudains, les tristesses involontaires et les mauvaises chances de fortune. Même à la cour, on attribuait à Cornélius cette fatale influence que les superstitions italienne, espagnole et asiatique, ont nommée le *mauvais œil*. Sans le pouvoir terrible de Louis XI qui s'était étendu comme un manteau sur cette maison, à la moindre occasion le peuple eût démoli la *Malemaison* de la rue du Mûrier..... Et c'était pourtant chez Cornélius que les premiers mûriers plantés à Tours avaient été mis en terre; alors les Tourangeaux le regardèrent comme un bon génie. Comptez donc sur la faveur populaire!....

Quelques seigneurs ayant rencontré maître Cornélius hors de France, furent surpris de sa bonne humeur. A Tours, il était toujours sombre et rêveur; mais il y revenait toujours. Une inexplicable puissance le ramenait à sa noire maison de la rue du Mûrier. Semblable au colimaçon, dont la vie est si fortement unie à celle de sa coquille, il avouait au roi qu'il ne se trouvait bien que sous les pierres vermiculées et sous les verrous de sa petite bastille, tout en sachant que, Louis XI mort, ce lieu serait pour lui le plus dangereux de la terre.

— Le diable s'amuse aux dépens de notre compère le torçonnier!.... dit Louis XI à son barbier quelques jours avant la fête de la Toussaint. Il se plaint encore d'avoir été volé..... Mais il ne peut plus pendre personne, à moins qu'il ne se pende lui-même.... Ce vieux truand n'est-il pas venu me demander si je n'avais pas emporté hier par mégarde une chaîne de rubis qu'il voulait me vendre?.... — Pasques Dieu!.... je ne vole pas ce que je puis prendre..... lui ai-je dit.

— Et il a eu peur?.... fit le barbier.

— Les avares n'ont peur que d'une seule chose, répondit le roi..... et mon compère le torçonnier sait bien que je ne le dépouillerai pas.....

— Cependant le vieux malandrin vous surfait!.... reprit le barbier.

— Tu voudrais bien que ce fût vrai..... hein? dit le roi en jetant un malicieux regard au barbier.

— Ventre Mahom!.... sire, la succession serait belle à partager entre vous et le diable!...

— Assez.... fit le roi; ne me donne pas de mauvaises idées. Mon compère est un homme

lus fidèle que tous ceux dont j'ai fait la for-
une; parce qu'il ne me doit rien, peut-être !...

Or donc, depuis deux ans maître Cornélius
ivait seul avec sa vieille sœur qui passait pour
rcière. Un tailleur du voisinage prétendait
avoir souvent vue, pendant la nuit, attendant
ur les toits l'heure d'aller au sabbat. Ce fait
mblait d'autant plus extraordinaire que le
ieil avare enfermait sa sœur dans une cham-
re dont les fenêtres étaient garnies de bar-
eaux de fer.

En vieillissant, Cornélius toujours volé,
oujours prêt à être dupé par les hommes, les
vait pris en haine, sauf le roi, qu'il estimait
eaucoup. Alors, il était tombé dans une
xcessive misanthropie; et, comme chez la
lupart des avares, sa passion pour l'or, l'as-
imilation de ce métal avec sa substance avait
té de plus en plus intime, et croissait d'inten-
ité par l'âge. Sa sœur elle-même excitait ses
oupçons; et cependant, elle était peut-être
lus avare et plus économe que son frère,
u'elle surpassait en inventions de ladrerie.
ussi leur existence avait-elle quelque chose
e problématique et de mystérieux. La vieille
emme prenait si rarement du pain chez le

boulanger, elle apparaissait si peu au marché, que les observateurs les moins crédules avaient fini par attribuer à ces deux êtres bizarres la connaissance de quelque secret de vie. Ceux qui se mêlaient d'alchimie disaient que maître Cornélius savait faire de l'or. Les savans prétendaient qu'il avait trouvé la panacée universelle. C'était un être chimérique pour beaucoup de campagnards auxquels les gens de la ville en parlaient; et plusieurs venaient voir la façade de son hôtel par curiosité.

Assis sur le banc du logis qui faisait face à celui de maître Cornélius, le gentilhomme regardait tour à tour l'hôtel de Poitiers et la Malemaison. La lune en bordait toutes les saillies de sa lueur, colorant par des mélanges d'ombre et de lumière les creux de la sculpture; et les caprices de cette lueur blanche prêtaient une physionomie sinistre à ces deux édifices. Il semblait que la nature elle-même se prêtât aux superstitions qui planaient sur cette demeure.

Le jeune homme se rappela successivement toutes les traditions qui rendaient Cornélius un personnage tout à la fois curieux et redoutable; et, quoique décidé, par la violence de son amour, à entrer dans cette maison, à y demeurer le temps nécessaire pour l'accomplissement de ses projets, il hésitait à risquer cette dernière démarche, tout en sachant qu'il allait la faire. Mais qui, dans les crises de sa vie, n'aime pas à écouter les pressentimens, et à se balancer sur les abîmes de l'avenir? En amant digne d'aimer, le jeune homme craignait, chose étrange! de mourir sans avoir été reçu à merci d'amour par la comtesse.

Cette délibération secrète était si cruellement intéressante, qu'il ne sentait pas le froid sifflant dans ses jambes et dans les saillies des maisons. En entrant chez Cornélius, il devait se dépouiller de son nom, de même qu'il avait déjà quitté ses beaux vêtemens de noble. Il lui était interdit, en cas de malheur, de réclamer les priviléges de sa naissance ou la protection de ses amis, à moins de perdre sans retour la comtesse de Saint-Vallier; car, en soupçonnant la visite nocturne d'un amant, ce vieux seigneur était capable de la faire périr à petit feu dans une cage de fer, de la tuer tous les jours au fond de quelque château fort. En regardant les vêtemens misérables sous lesquels il s'était déguisé, le gentilhomme eut honte de lui-même : à voir sa ceinture de cuir noir, ses gros souliers, ses chausses drapées, son haut-de-chausse de tiretaine et son justaucorps de laine grise, il ressemblait au clerc du plus pauvre sergent de justice. Pour un noble du quinzième siècle, c'était déjà la mort que de jouer le rôle d'un bourgeois sans sou ni maille, et de renoncer aux priviléges du rang.

Mais grimper sur le toit de l'hôtel où pleurait sa maîtresse; descendre par la cheminée ou courir sur les galeries; et, de gouttière en gouttière, parvenir jusqu'à la fenêtre de sa chambre; risquer sa vie pour être près d'elle sur un coussin de soie, devant un bon feu, pendant le sommeil d'un sinistre mari, dont les ronflemens redoubleraient leur joie; défier le ciel et la terre en se donnant le plus audacieux de tous les baisers..... ne pas dire une parole qui ne pût être suivie de la mort, ou, tout au moins, d'un sanglant combat!... Ces voluptueuses images, et les romanesques dangers de cette entreprise, décidèrent le jeune homme. Plus léger devait être le prix de ses soins, et ne pût-il que baiser encore une fois la main de la comtesse, il se résolut à tout tenter, poussé par l'esprit chevaleresque et passionné de cette époque. Puis, il ne supposa pas que la comtesse osât lui refuser le plus doux plaisir de l'amour au milieu de dangers si mortels. Cette aventure était trop périlleuse, trop impossible pour n'être pas tentée.

En ce moment, toutes les cloches de la ville sonnèrent l'heure du couvre-feu, loi tombée en désuétude, mais dont la forme subsistait dans les provinces, où tout s'abolit si lentement. Si les lumières ne s'éteignirent pas, les chefs de quartier firent tendre les chaînes des rues. Beaucoup de portes se fermèrent; les pas de quelques bourgeois attardés, marchant en troupe avec leurs valets armés jusqu'aux dents et portant des fallots, retentirent dans le lointain. Puis, bientôt, la ville, en quelque sorte garrottée, parut s'endormir, et ne craignit plus les attaques des malfaiteurs que par les toits. A cette époque, les combles des maisons étaient une voie très fréquentée pendant la nuit. Les rues avaient si peu de largeur, même à Paris, que les voleurs sautaient d'un bord à l'autre. Ce périlleux métier servit longtemps de divertissement au roi Charles IX dans sa jeunesse, s'il faut en croire les mémoires du temps.

Ne voulant pas se présenter trop tard à maître Cornélius, le gentilhomme allait quitter sa place pour heurter à la porte de la Malemaison, lorsqu'en la regardant, son attention fut excitée par une sorte de vision que les écrivains du temps eussent appelée *cornue*. Il se frotta les yeux comme pour s'éclaircir la vue, et mille sentimens divers passèrent dans son âme, à cet aspect.

De chaque côté de cette porte, se trouvait une figure encadrée entre les deux barreaux d'une espèce de meurtrière. Il avait pris d'abord ces deux visages pour des masques grotesques sculptés dans la pierre; ils étaient ridés, anguleux, contournés, saillans, immobiles, de couleur tannée, c'est-à-dire bruns; mais le froid et la lueur de la lune lui permirent de distinguer le léger nuage blanc que la respiration faisait sortir des deux nez violâtres; puis, il finit par voir dans chaque figure creuse, sous l'ombre des sourcils, deux yeux d'un bleu faïence, qui jetaient un feu clair, et ressemblaient à ceux d'un loup couché dans la feuillée, et qui croit entendre les cris d'une meute.

La lueur inquiète de ces yeux était dirigée sur lui si fixement qu'après l'avoir reçue pendant le moment où il examina ce singulier spectacle, il se trouva comme un oiseau surpris par des chiens à l'arrêt. Il se fit dans son âme un mouvement fébrile, mais promptement réprimé. Ces deux visages, tendus et soupçonneux, étaient sans doute ceux de Cornélius et de sa sœur. Alors le gentilhomme feignit de regarder où il était, de chercher à distinguer un logis indiqué sur une carte qu'il tira de sa poche, essayant de la lire aux clartés de la lune; puis, il alla droit à la porte du torçonnier, et y frappa trois coups qui retentirent au-dedans de la maison, comme si c'eût été l'entrée d'une cave.

Une faible lumière passa sous le porche; et, par une petite grille extrêmement forte, un œil vint à briller.

— Qui va là?...

— Un ami envoyé par Oosterlinck de Bruges.....

— Que demandez-vous?...

— A entrer.....

— Votre nom?

— Philippe Goulenoire.

— Avez-vous des lettres de créance?
— Les voici !
— Passez-les par le tronc.....
— Où est-il ?...
— A gauche.

Philippe Goulenoire jeta la lettre par la fente d'un tronc en fer, au-dessus de laquelle se trouvait une meurtrière.

— Diable! pensa-t-il, on voit que le roi est venu ici..... Il y a tout autant de précautions qu'au Plessis !

Il attendit environ un quart d'heure dans la rue; et, ce laps de temps écoulé, il entendit Cornélius qui disait à sa sœur :

— Ferme les chausse-trapes de la porte.

Un cliquetis de chaînes et de fer retentit sous le portail; puis Philippe entendit les verrous aller, les serrures gronder; enfin une petite porte basse, garnie de fer, s'ouvrit de manière à décrire l'angle le plus aigu par lequel un homme mince pût passer; et Philippe, au risque de déchirer ses vêtemens, se glissa plutôt qu'il n'entra dans la Malemaison. Une vieille fille édentée, à visage de rebec, dont les sourcils ressemblaient à deux anses de chaudron, qui n'aurait pas pu mettre une noisette entre son nez et son menton crochu ; fille pâle et hâve, creusée des tempes, et qui semblait être composée seulement d'os et de nerfs, le guida silencieusement dans une salle basse, tandis que Cornélius le suivait prudemment par derrière.

— Asseyez-vous là, dit-elle en lui montrant un escabeau à trois pieds, placé au coin d'une grande cheminée en pierre sculptée, mais dont l'âtre, propre et peu noir, n'avait pas de feu.

De l'autre côté de cette cheminée était une table de noyer, à pieds contournés, sur laquelle se trouvait un œuf dans une assiette, et dix ou douze petites mouillettes dures et sèches, coupées avec une studieuse parcimonie. Deux escabelles, sur l'une desquelles s'assit la vieille, annonçaient que les avares étaient en train de souper. Cornélius alla pousser deux volets de fer pour fermer sans doute les *judas* par lesquels il avait regardé si long-temps dans la rue, et vint reprendre sa place.

Alors le prétendu Philippe Goulenoire vit le frère et la sœur tremper dans cet œuf, à tour de rôle, avec gravité, mais avec la même précision que les soldats mettent à plonger en temps égaux la cuillère dans la gamelle, leurs mouillettes respectives, qu'ils teignaient à peine, afin de combiner la durée de l'œuf avec le nombre des mouillettes. Ce manége se faisait en silence; et, tout en mangeant, Cornélius examinait le faux novice avec autant de sollicitude et de perspicacité que s'il eût pesé de vieux besans.

Philippe, sentant un manteau de glace tomber sur ses épaules, était tenté de regarder autour de lui; mais avec toute l'astuce que donne une entreprise amoureuse, il se garda bien de jeter un coup d'œil, même furtif, sur les murs; car il comprit que si Cornélius le surprenait, il ne garderait pas un curieux en son logis. Donc, il se contentait de tenir modestement son regard tantôt sur l'œuf, tantôt sur la vieille fille; et, parfois, il contemplait son futur maître.

L'argentier de Louis XI ressemblait assez à ce monarque; il en avait même pris certains gestes, comme il arrive assez souvent aux gens qui vivent ensemble dans une sorte d'intimité. Les sourcils épais du Flamand lui couvraient presque les yeux; mais, en les relevant un peu, il lançait un regard lucide, pénétrant et plein de puissance, le regard des hommes habitués au silence, et auxquels le phénomène de la concentration des forces intérieures est devenu familier. Ses lèvres minces, à rides verticales, lui donnaient un air de finesse incroyable. La partie inférieure du visage avait de vagues ressemblances avec le museau des renards ; mais le front haut, bombé, tout plissé, semblait révéler de grandes et de belles qualités, une noblesse d'âme dont l'expérience avait modéré l'essor, et que les cruels enseignemens de la vie refoulaient sans doute dans les replis les plus cachés de cet être singulier. Ce n'était certes pas un avare ordinaire, et sa passion cachait sans doute de profondes jouissances, de secrètes conceptions.

— A quel taux se font les sequins de Venise ? demanda-t-il brusquement à son futur apprenti.

— Trois quarts, à Bruges; un, à Gand.

— Quel est le fret sur l'Escaut ?

— Trois sous parisis.

— Il n'y a rien de nouveau à Gand ?

— Le frère de Liéven-d'Herde est ruiné.

— Ah !....

Sur ce mot, le vieillard se couvrit les genoux avec un pan de sa dalmatique, espèce de robe en velours noir, ouverte par devant, à grandes manches et sans collet, dont la somptueuse étoffe était toute miroitée. Ce reste du magnifique costume qu'il portait jadis comme président du tribunal des *Parchons*, fonctions qui lui avaient valu l'inimitié du duc de Bourgogne, n'était alors qu'un haillon.

Philippe n'avait plus froid; il suait dans son harnais, tremblant d'avoir à subir d'autres questions. Jusque-là les instructions sommaires qu'un juif, auquel il avait sauvé la vie, venait de lui donner la veille, suffisaient, grâce à sa mémoire et à la parfaite connaissance que le juif possédait des manières et des habitudes de Cornélius; mais le gentilhomme qui, dans le premier feu de la conception, n'avait douté de rien, commençait à entrevoir toutes les difficultés de son entreprise. La gravité solennelle, le sang-froid du terrible Flamand, agissaient sur lui; puis, il se sentait sous les verrous, et voyait toutes les cordes du grand-prevôt aux ordres de maître Cornélius.....

— Avez-vous soupé ?.... demanda l'argentier d'un ton qui signifiait : Ne soupez pas!

Cependant, malgré l'accent de son frère, la vieille fille tressaillit; elle regarda ce jeune commensal, comme pour jauger la capacité de cet estomac qu'il lui faudrait satisfaire, et dit alors avec un faux sourire :

— Vous n'avez pas volé votre nom, car vous avez des cheveux et des moustaches plus noirs que la queue du diable.....

— J'ai soupé !.... répondit-il.

— Eh bien ! reprit l'avare, vous reviendrez me voir demain..... Il y a long-temps que je suis habitué à me passer d'un apprenti, et la nuit me portera conseil.

— Eh ! par saint Bavon, monsieur, je suis Flamand; je ne connais personne ici; les chaînes sont tendues; je vais être mis en prison; mais..... cependant, ajouta-t-il, effrayé de la vivacité qu'il mettait dans ses paroles, si cela vous convient, je vais.....

Le juron influença singulièrement le vieux Flamand.

— Allons, allons, par saint Bavon, vous coucherez ici.....

— Mais..... dit la sœur effrayée.....

— Tais-toi..... répliqua Cornélius. Par sa

lettre, Oosterlinck me répond de ce jeune homme.

— N'avons-nous pas, lui dit-il à l'oreille en se penchant vers sa sœur, cent mille livres à Oosterlinck ?.... C'est une caution cela !....

— Et s'il te vole les joyaux de Bavière..... Tiens, il ressemble mieux à un voleur qu'à un Flamand.....

— Chut !.... fit le vieillard en prêtant l'oreille. Et les deux avares écoutèrent.

Insensiblement, et un moment après le *chut,* un bruit produit par les pas de quelques hommes retentit dans le lointain, de l'autre côté des fossés de la ville.

— C'est la ronde du Plessis !..... dit la sœur.

— Allons, donne-moi la clef de la chambre aux apprentis..... reprit Cornélius.

La vieille fille fit un geste pour prendre la lampe.

— Vas-tu nous laisser seuls sans lumière?.... cria Cornélius d'un son de voix intelligent. Tu ne sais pas encore à ton âge te passer d'y voir..... Est-ce donc si difficile de prendre cette clef ?....

La vieille comprit le sens caché sous ces paroles, et sortit.

En regardant cette singulière créature au moment où elle gagnait la porte, Philippe Goulenoire put dérober à son maître le coup d'œil qu'il jeta furtivement sur cette salle. Elle était lambrissée en chêne à hauteur d'appui, et les murs tapissés d'un cuir jaune orné d'arabesques noires; mais ce qui le frappa le plus fut un pistolet à mèche, garni de son long poignard à détente. Cette arme nouvelle et terrible se trouvait près de Cornélius.

— Comment comptez-vous gagner votre vie?.... lui demanda le torçonnier.

— J'ai peu d'argent, répondit Goulenoire; mais je connais de bonnes rubriques, et si vous voulez seulement me donner un sou sur chaque marc que je vous ferai gagner, je serai content.

— Un sou!.... un sou!.... répéta l'avare, mais c'est beaucoup!....

Là-dessus la vieille sibylle rentra.

— Viens!.... dit Cornélius à Philippe.

Ils sortirent sous le porche et montèrent une vis en pierre, dont la cage ronde se trouvait à côté de la salle basse, dans une haute tourelle.

Au premier étage le jeune homme s'arrêta.

— Nenni !.... dit Cornélius. Diable !....
c'est ici le gîte où le roi prend ses ébats.

Enfin, au sommet de la tour où la vis avait été construite, sous un toit pointu, le logement de l'apprenti, petite chambre ronde, tout en pierre, froide, sans ornement, avait été pratiqué par l'architecte. La tour occupait le milieu de la façade qui donnait sur la cour; et, comme toutes les cours de province, elle était étroite, sombre, et au fond l'on apercevait, à travers des arcades grillées, un jardin chétif, où il n'y avait que des arbres.

Le gentilhomme remarqua tout par les jours de la vis, à la lueur de la lune qui, heureusement, jetait une assez vive lumière.

Un grabat, une escabelle, une cruche et un bahut disjoint, composaient l'ameublement de cette espèce de loge. Elle ne recevait de jour que par de petites baies carrées, disposées de distance en distance autour du cordon extérieur de la tour, et qui formaient sans doute des ornemens, suivant le caractère de cette gracieuse architecture.

— Voilà votre logis, il est simple, il est solide. Il y a tout ce qu'il faut pour dormir.

— Bonsoir! n'en sortez pas comme les autres.....

Ayant dit, Cornélius, après avoir lancé sur son apprenti un dernier regard, empreint de mille pensées, ferma la porte à double tour, en emporta la clef, et descendit, laissant le gentilhomme aussi sot qu'un fondeur de cloches qui ne trouve rien en son moule.

Seul, sans lumière, assis sur une escabelle, et dans ce petit grenier, d'où ses quatre prédécesseurs n'étaient sortis que pour aller à l'échafaud, le gentilhomme se vit comme une bête fauve prise dans un sac. Il sauta sur l'escabeau, se dressa de toute sa hauteur pour atteindre aux petites ouvertures supérieures, d'où tombait un jour blanchâtre; il y atteignit; il aperçut la Loire, les beaux coteaux de Saint-Cyr, et les sombres merveilles du Plessis, où brillaient deux ou trois lumières dans les enfoncemens de quelques croisées; puis, au loin, s'étendaient les belles campagnes de la Touraine, les nappes argentées du fleuve. Les moindres accidens de la nature avaient une grâce inconnue; les vitraux, les eaux, le faîte des maisons, reluisaient comme des pierreries aux clartés tremblantes de la lune, qui déployait tous ses prestiges....

L'âme du jeune seigneur ne put se défendre d'une émotion douce et triste... Si c'était un adieu !...

Il resta là, savourant déjà les terribles émotions que son aventure lui avait promises, et se livrant à toutes les craintes du prisonnier quand il conserve une lueur d'espérance. Sa maîtresse s'embellissait à chaque difficulté. Ce n'était plus une femme pour lui, mais un être surnaturel entrevu à travers les brasiers du désir.

Un faible cri qu'il crut avoir été jeté dans l'hôtel de Poitiers le rendit à lui-même et à sa véritable situation.

En se remettant sur son grabat pour réfléchir à cette affaire, il entendit de légers frissonnemens qui retentissaient dans la vis ; il écouta fort attentivement, et alors ces mots :

— Il se couche..... prononcés par la vieille, parvinrent à son oreille.

Un hasard, ignoré de l'architecte, faisait que le moindre bruit se répercutait dans la chambre de l'apprenti, de sorte que le faux Goulenoire ne perdit pas un seul des mouvemens de l'avare et de sa sœur qui l'espionnaient. Il se déshabilla, se coucha, feignit de dormir, et employa le temps pendant lequel ses deux hôtes restèrent sur les marches de l'escalier à chercher les moyens d'aller de sa prison dans l'hôtel de Poitiers.

Vers dix heures, Cornélius et sa sœur, persuadés que leur apprenti dormait, se retirèrent chez eux. Le gentilhomme étudia soigneusement les bruits sourds et lointains que firent les deux Flamands, et crut reconnaître la situation de leurs logemens. Ils devaient occuper tout le second étage. Or cet étage, comme dans toutes les maisons de cette époque, était pris sur le toit, d'où les fenêtres s'élevaient très ornées et correspondaient avec celles de l'édifice. La toiture était bordée par une espèce de balustrade sculptée qui cachait les chéneaux destinés à conduire les eaux pluviales, que des gouttières fantastiquement disposées en gueules de crocodile rejetaient sur la rue. Le gentilhomme ayant étudié cette topographie aussi soigneusement que l'eût fait un chat, comptait trouver un passage de la tour au toit, et pouvoir aller chez Mme de Saint-Vallier par les chéneaux, en s'aidant d'une gouttière; mais il ignorait que les jours de sa tourelle fussent si petits; il était impossible d'y passer. Il résolut donc de sortir sur les toits de la maison par la fenêtre de la vis qui éclairait le palier du second étage. Pour accomplir ce hardi projet, il fallait sortir de sa chambre, et Cornélius en avait pris la clef. Le jeune seigneur s'était armé, par précaution, d'un de ces poignards avec lesquels on donnait jadis le coup de grâce dans les duels à mort, quand l'adversaire vous suppliait de l'achever. Cette arme horrible avait un côté de la lame affilé comme celle d'un rasoir, et l'autre dentelé comme une scie, mais dentelé en sens inverse à celui qu'il suivait en entrant dans le corps. Le gentilhomme résolut donc de se servir du poignard pour scier le bois de la porte autour de la serrure. Mais, heureusement pour lui, la gâche de la serrure était fixée en dehors par quatre grosses vis. Alors, à l'aide du poignard, il put dévisser, non sans de grandes peines, la gâche qui le retenait prisonnier. Ayant fait, il posa soigneusement les vis sur le bahut; et, vers minuit, il se trouva libre. Aussitôt il descendit sans souliers pour reconnaître les localités.

Ce ne fut pas sans un étonnement profond qu'il vit, toute grande ouverte, la porte d'un corridor par lequel on entrait dans plusieurs chambres, et au bout duquel il y avait une fenêtre donnant sur l'espèce de vallée formée par les toits de l'hôtel de Poitiers et de la Malemaison qui se réunissaient là.

Rien ne pourrait expliquer sa joie, si ce n'est le vœu qu'il fit aussitôt à la sainte Vierge de fonder à Tours une messe en son honneur à la célèbre paroisse de l'Escrignolles.

Après avoir examiné les hautes et larges cheminées de l'hôtel de Poitiers, il revint sur ses pas pour prendre son poignard. Alors il ne vit pas sans un frisson mortel une lumière qui éclaira vivement l'escalier; puis Cornélius lui-même, en dalmatique, tenant sa lampe, les yeux ouverts et regardant au fond du corridor, à l'entrée duquel il se montra comme un spectre.

— Ouvrir la fenêtre et sauter sur les toits, il m'entendra!... se dit le gentilhomme.

Et le terrible Cornélius avançait toujours... Il avançait comme l'heure de la mort pour le criminel.....

Dans cette extrémité, Goulenoire, servi

par l'amour, retrouva toute sa présence d'esprit. Il se jeta dans l'embrasure d'une porte, s'y serra vers le coin, et attendit l'avare au passage. Quand le torçonnier, qui tenait sa lampe en avant, se trouva juste dans le rumb du vent que le gentilhomme pouvait produire en soufflant, il éteignit la lumière. Cornélius grommela de vagues paroles et un juron en hollandais ; mais il retourna sur ses pas. Alors, le gentilhomme courut à sa chambre, y prit son arme, revint à la bienheureuse fenêtre, l'ouvrit doucement, et sauta sur le toit. Une fois en liberté sous le ciel dont il respira l'azur, il se sentit défaillir tant il était heureux, ou peut-être par suite de l'excessive agitation dans laquelle l'avait mis le danger ou la hardiesse de l'entreprise. Il s'accota sur un chéneau, tressaillant d'aise et se disant :

— Par quelle cheminée dévalerai-je chez elle ?....

Il les regardait toutes. Enfin, avec un instinct donné par l'amour, il alla les tâter pour voir celle où il y avait eu du feu ; puis, quand il se fut décidé, le hardi gentilhomme enfonça son poignard dans le joint de deux pierres, y accrocha son échelle, la jeta par la bouche de la cheminée, et se hasarda, sans trembler, sur la foi de sa bonne lame, à descendre chez sa maîtresse, ignorant si Saint-Vallier serait éveillé ou endormi, mais bien décidé à serrer la comtesse dans ses bras, dût-il en coûter la vie à deux hommes.....

Il posa doucement les pieds sur des cendres chaudes; puis, en se baissant un peu, l'heureux amant vit la comtesse assise dans un fauteuil, éclairée par une lampe, et qui, pâle de bonheur, toute palpitante, lui montra du doigt Saint-Vallier couché dans un lit à dix pas d'elle.... Oh! quel baiser brûlant et silencieux!... Il n'eut d'écho que dans leurs cœurs.

III.

LE VOL DES JOYAUX DU DUC DE BAVIÈRE.

Le lendemain, sur les neuf heures du matin, au moment où Louis XI sortit de sa chapelle, après avoir entendu la messe, il trouva maître Cornélius sur son passage.

— Bonne chance, mon compère!.... dit-il sommairement en redressant son bonnet.

— Sire, je paierais bien volontiers mille écus d'or pour obtenir de vous un moment d'audience, vu que j'ai trouvé le voleur de la chaîne de rubis et de tous les joyaux de.....

— Voyons cela!.... dit Louis XI en sortant dans la cour du Plessis, suivi de son argentier, de Coctier, son médecin, d'Olivier-le-Daim, et du capitaine de sa garde écossaise. Conte-moi ton affaire. Nous aurons donc encore un pendu de ta façon? Holà! Tristan?

Le grand-prévôt, qui se promenait de long en large dans la cour, vint à pas lents, comme un chien qui marche et se carre dans sa fidélité.

Le groupe s'arrêta sous un arbre. Le roi s'étant assis sur un banc, les courtisans décrivirent un cercle devant lui, et Cornélius reprit :

— Sire, un prétendu Flamand m'a si bien entortillé.....

— Il doit être bien rusé!.... dit Louis XI en hochant la tête.

— Oh! oui, fit l'argentier. Mais je ne sais s'il ne vous engluerait pas vous-même. Comment pouvais-je me défier d'un pauvre hère qui m'était recommandé par Oosterlinck, un homme à qui j'ai cent mille livres! aussi, je gagerais que le seing du juif est contrefait. Bref, sire, ce matin je me suis trouvé dénué

de ces joyaux que vous avez admirés, tant ils étaient beaux. Ils m'ont été emblés, sire !....
Embler les joyaux de l'électeur de Bavière ! les truands ne respectent rien ; ils vous voleront votre royaume, si vous n'y prenez garde !....
Aussitôt je suis monté dans la chambre où était cet apprenti, qui, certes, est passé maître en volerie..... Cette fois, nous ne manquerons pas de preuves. Il a devissé la serrure ; mais quand il est revenu, comme il n'y avait plus de lune, il n'a pas su retrouver toutes les vis ! Aussi, heureusement, en entrant, j'en ai senti une sous mon pied. Il dormait, le truand, il était fatigué !.... Figurez-vous, messieurs, qu'il est descendu dans mon cabinet par la cheminée. Demain, ce soir plutôt, je la ferai griller. On apprend toujours quelque chose avec les voleurs..... Il a sur lui une échelle de soie, et ses vêtemens portent les traces du chemin qu'il a fait sur les toits et dans la cheminée..... Il comptait rester chez moi, me ruiner !.... le hardi compère !....
Où a-t-il été mettre les joyaux ?.... Les gens de campagne l'ont vu de bonne heure revenant chez moi par les toits..... Il avait des complices qui l'attendaient sur la levée que

vous avez construite. Ah! sire, vous êtes le complice des voleurs ; ils viennent en bateaux ; et, crac, ils emportent tout, sans laisser de traces ; mais nous tenons le chef, un hardi coquin, un gaillard qui ferait honneur à la mère d'un gentilhomme. Ah ! ce sera un beau fruit de potence, et avec un petit bout de question, nous saurons tout ! cela est intéressant à la gloire de votre règne. Il ne devrait point y avoir de voleurs sous un aussi grand roi!....

Le roi n'écoutait plus depuis long-temps. Il était tombé dans une de ces méditations sombres qui devinrent si fréquentes pendant les derniers jours de sa vie. Un profond silence régna.

— Cela te regarde, mon compère... dit-il enfin à Tristan ; va grabeler cette affaire.

Il se leva, fit quelques pas en avant, et ses courtisans le laissèrent seul.

Enfin, apercevant Cornélius qui, monté sur sa mule, s'en allait en compagnie du grand-prevôt :

— Et les mille écus?.... lui dit-il.

—Ah! sire, vous êtes un trop grand roi!...

il n'y a pas de somme qui puisse payer votre justice.....

Louis XI sourit; et les courtisans envièrent le franc-parler et les priviléges du vieil argentier, qui disparut promptement dans l'avenue de mûriers plantée entre Tours et le Plessis.

Épuisé de fatigue, le gentilhomme dormait, en effet, du plus profond sommeil.

Au retour de son expédition galante il ne s'était plus senti, pour se défendre contre des dangers lointains ou imaginaires auxquels il ne croyait peut-être plus, le courage et l'ardeur avec lesquels il s'était élancé vers de périlleuses voluptés. Aussi avait-il remis au lendemain le soin de nettoyer ses vêtemens souillés, et de faire disparaître les vestiges de son bonheur. Ce fut une grande faute, mais à laquelle tout conspira.

En effet, quand, privé des clartés de la lune qui s'était couchée pendant la fête de son amour, il ne trouva pas toutes les vis de la maudite serrure, il manqua de patience; et, avec le laisser-aller d'un homme plein de joie ou affamé de repos, il se fia aux bons hasards de sa destinée, qui l'avait si heureusement servi jusque-là.

Il fit bien avec lui-même une sorte de pacte, en vertu duquel il devait se réveiller au petit jour; mais les événemens de la journée et les agitations de la nuit ne lui permirent pas de se tenir parole à lui-même. Le bonheur est oublieux; aussi même Cornélius ne sembla plus si redoutable au jeune seigneur, au moment où il se coucha sur le dur grabat d'où tant de malheureux ne s'étaient réveillés que pour aller au supplice. Tout cela le perdit.

Pendant que l'argentier du roi revenait du Plessis-lès-Tours, accompagné du grand-prevôt et de ses redoutables archers, le faux Goulenoire était gardé par la vieille sœur, qui tricotait des bas pour Cornélius, assise sur une des marches de la vis, sans se soucier du froid. Et le jeune gentilhomme continuait les secrètes délices de cette nuit si charmante, ignorant le malheur qui accourait au grand galop. Il rêvait; et ses songes, comme tous ceux du jeune âge, étaient empreints de couleurs si vives qu'il ne savait plus où commençait l'illusion, où finissait la réalité.

Il se voyait assis sur un coussin, aux pieds

de la comtesse ; puis, la tête sur ses genoux chauds d'amour, il écoutait le récit des persécutions et les détails de la tyrannie que le comte avait fait jusqu'alors éprouver à sa femme. S'attendrissant avec la comtesse, qui était en effet celle de ses filles naturelles que Louis XI aimait le plus, il lui promettait d'aller, dès le lendemain, tout révéler à ce terrible père, dont ils arrangeaient les vouloirs à leur gré, cassant le mariage et emprisonnant le mari, au moment où ils pouvaient être la proie de son épée au moindre bruit qui l'eût réveillé.

Mais dans le songe, la lueur de la lampe, la flamme de leurs yeux, les couleurs des étoffes et des tapisseries étaient plus vives; une odeur plus pénétrante s'exhalait des vêtemens de nuit; il y avait plus d'amour dans l'air, plus de feu autour d'eux que dans la scène réelle. Aussi, la Marie du sommeil résistait-elle bien moins que la véritable Marie, à ces regards langoureux, à ces douces prières, à ces magiques interrogations, à ces adroits silences, à ces voluptueuses sollicitations, à ces fausses générosités qui rendent les premiers instans de la passion si complétement ardens, et répandent dans les âmes une ivresse nouvelle à chaque nouveau progrès de l'amour.

Suivant la jurisprudence amoureuse de cette époque, Marie de Saint-Vallier octroyait à son amant les droits superficiels de *la petite oie*. Elle se laissait volontiers baiser les pieds, la robe, les mains, le cou ; elle avouait son amour ; elle acceptait les soins et la vie de son amant ; elle lui permettait de mourir pour elle ; elle s'abandonnait à une ivresse que cette demi-chasteté, sévère, souvent cruelle, allumait encore ; mais elle restait intraitable, et faisait, des plus hautes récompenses de l'amour, le prix de sa délivrance.

Or, en ce temps, pour dissoudre un mariage, il fallait aller à Rome, avoir à sa dévotion quelques cardinaux, et paraître devant le souverain pontife, armé de la faveur du roi. Marie voulait tenir sa liberté de l'amour, pour la lui sacrifier.

Presque toutes les femmes avaient alors assez de puissance pour établir au cœur d'un homme leur empire de manière à faire d'une passion l'histoire de toute une vie, le principe des plus hautes déterminations !... Mais aussi, les dames se comptaient en France ; elles y étaient autant de souveraines ; elles avaient de belles fiertés; les amans leur appartenaient plus qu'elles ne se donnaient à eux; souvent leur amour coûtait bien du sang; et, pour être à elles, il fallait courir bien des dangers.

Mais plus clémente, et touchée du dévouement de son bien-aimé, la Marie du rêve se défendait mal contre le violent amour du beau gentilhomme. Laquelle était la véritable?...

Le faux apprenti voyait-il en songe la femme vraie, et avait-il vu dans l'hôtel de Poitiers une dame masquée de vertu? La question est délicate à décider, aussi l'honneur des dames veut-il qu'elle reste en litige.

Enfin, au moment où peut-être la Marie rêvée allait oublier sa haute dignité de maîtresse, l'amant se sentit pris par un bras de fer, et la voix aigre-douce du grand-prevôt lui dit :

— Allons, bon chrétien de minuit qui cherchiez Dieu à tâtons, réveillons-nous!...

Et Philippe vit la face noire de Tristan et reconnut son sourire sardonique. Puis, sur les marches de la vis, il aperçut Cornélius, sa sœur, et, derrière eux, les gardes de la prevôté.

A ce spectacle, à l'aspect de tous ces visages diaboliques qui respiraient ou la haine, ou la sombre curiosité de gens habitués à pendre, Philippe Goulenoire se mit sur son séant et se frotta les yeux.

— Par la mort-Dieu!... s'écria-t-il en saisissant son poignard sous le chevet du lit, voici l'heure où il faut jouer des couteaux!...

— Oh! oh!.... répondit Tristan, voici du gentilhomme!.... Il me semble voir Georges d'Estouteville, le neveu du grand-maître des arbalêtriers.....

En entendant prononcer son véritable nom par Tristan, le jeune d'Estouteville pensa moins à lui qu'aux dangers que courait son infortunée maîtresse, s'il était reconnu; et, pour écarter tout soupçon, il cria :

— Ventre Mahom! à moi les truands!....

Après cette horrible clameur, jetée par un homme véritablement au désespoir, le jeune courtisan fit un bond énorme, et, le poignard à la main, sauta sur le palier. Mais les acolytes du grand-prevôt étaient habitués à ces rencontres; et quand Georges d'Estouteville fut sur la marche, ils le saisirent avec dextérité, sans s'étonner du vigoureux coup de lame qu'il avait porté à l'un d'eux, et qui heureusement glissa sur le corselet du garde; puis, ils le désarmèrent, lui lièrent les mains, et le rejetèrent sur le lit devant leur chef immobile et pensif.

Tristan regarda silencieusement les mains du prisonnier, et, se grattant la barbe, il dit à Cornélius en les lui montrant :

— Ce ne sont pas plus les mains d'un truand que celles d'un apprenti..... C'est un gentil-homme !

— Dites un Jean-pille-homme !.... s'écria douloureusement le torçonnier; car, mon bon Tristan, noble ou serf, il m'a ruiné, le scélérat ! Je voudrais déjà lui voir les pieds et les mains chauffés ou serrés dans vos jolis petits brodequins !... C'est, à n'en pas douter, le chef de cette légion de diables invisibles ou visibles qui connaissent tous mes secrets, ouvrent mes serrures, me dépouillent et m'assassinent..... Ils sont bien riches, mon compère ! Ah ! cette fois nous aurons leur trésor; car celui-ci a la mine du roi d'Égypte. Je vais recouvrer mes chers rubis et mes notables sommes; notre digne roi aura des écus à foison.....

— Oh! nos cachettes sont plus solides que les vôtres! dit Georges en souriant.

— Ah! le damné larron!.... il avoue!.... s'écria l'avare.

Le grand-prevôt était occupé à examiner attentivement les habits de Georges d'Estouteville et la serrure.

— Est-ce toi qui as dévissé toutes ces clavettes?....

Georges garda le silence.

— Oh! bien, tais-toi, si tu veux; bientôt tu te confesseras à saint chevalet, reprit Tristan.

— Voilà qui est parlé!... s'écria Cornélius.

— Emmenez-le!.... dit le prevôt.

Alors Georges d'Estouteville demanda la permission de se vêtir, et, sur un signe de leur chef, les estafiers habillèrent le prisonnier avec l'habile prestesse d'une nourrice qui veut profiter, pour changer son marmot, d'un instant où il est tranquille.

Une foule immense encombrait la rue du Mûrier. Les murmures du peuple allaient grossissant, et paraissaient les avant-coureurs d'une sédition. Dès le matin, la nouvelle du vol s'était répandue dans la ville; et partout l'apprenti, que l'on disait jeune et joli, avait réveillé toutes les sympathies en sa faveur, et ranimé la haine vouée à Cornélius; en sorte qu'il ne fut fils de bonne mère, ni jeune femme ayant de jolis patins et une mine fraîche à montrer, qui ne voulussent voir la victime.

Quand Georges sortit, emmené par un des gens du prevôt, qui, tout en montant à cheval, gardait, entortillée à son bras, la forte lanière de cuir avec laquelle il tenait le prisonnier, dont les mains avaient été fortement liées, il se fit un horrible brouhaha; et, soit pour revoir Philippe Goulenoire, soit pour le délivrer, les derniers venus poussèrent les premiers sur le piquet de cavalerie qui se trouvait devant la Malemaison.

En ce moment, Cornélius, aidé par sa sœur, ferma sa porte, et poussa ses volets avec la vivacité que donne une terreur panique. Tristan, qui n'avait pas été accoutumé à respecter le monde de ce temps-là, vu que le peuple n'était pas encore souverain, ne s'embarrassait guère d'une émeute.

— Poussez!... poussez!... dit-il à ses gens.

A la voix de leur chef, les archers lancèrent leurs montures vers l'entrée de la rue. En voyant un ou deux curieux tombés sous les pieds des chevaux, et quelques autres violemment serrés contre les murs, où ils étouffaient, les gens attroupés prirent le sage parti de rentrer chacun chez eux.

— Place à la justice du roi !..... criait Tristan. Qu'avez-vous besoin ici ?.... Voulez-vous qu'on vous pende ? Allez chez vous, mes amis, votre rôti brûle !... Hé ! la femme, les chausses de votre mari sont trouées, retournez à votre aiguille.

Quoique ces dires annonçassent que le grand-prevôt était de bonne humeur, il faisait fuir les plus empressés, comme s'il eût lancé la peste noire.

Au moment où le premier mouvement de la foule eut lieu, Georges d'Estouteville était resté stupéfait en voyant, à l'une des fenêtres de l'hôtel de Poitiers, sa chère Marie de Saint-Vallier, riant avec le comte. Elle se moquait de lui, pauvre amant dévoué, marchant à la mort pour elle ; mais, peut-être aussi, s'amusait-elle de ceux dont les bonnets étaient emportés par les armes des archers.

Il faut avoir vingt-trois ans, être riche en illusions, oser croire à l'amour d'une femme, aimer de toutes les puissances de son être, avoir risqué sa vie avec délices, sur la foi d'un baiser, et s'être vu trahi, pour comprendre ce qu'il entra de rage, de haine et de désespoir au cœur de Georges d'Estouteville, à l'aspect de sa maîtresse rieuse, dont il reçut un regard froid et indifférent. Elle était là sans doute depuis long-temps, car elle avait les bras appuyés sur un coussin; elle y était à son aise, et son vieillard paraissait content. Il riait aussi, le bossu maudit!....

Quelques larmes s'échappèrent des yeux du jeune homme. Quand Marie de Saint-Vallier le vit pleurant, elle se rejeta vivement en arrière. Puis, les pleurs de Georges se séchèrent tout à coup; car il entrevit les plumes noires et rouges du page qui lui était dévoué.

Le comte ne s'aperçut pas de la venue de ce discret serviteur, qui marchait sur la pointe des pieds.

Quand le page eut dit deux mots à l'oreille de sa maîtresse, Marie se remit à la fenêtre; et, se dérobant au perpétuel espionnage de son tyran, elle lança sur Georges un regard où brillaient toute la finesse d'une femme qui trompe son argus, tout le feu de l'amour et toutes les joies de l'espérance.

— Je veille sur toi !..... Ce mot, crié par elle, n'eût pas exprimé autant de choses qu'en disait ce coup d'œil empreint de mille pensées, et où éclataient les terreurs, les plaisirs, les dangers de leur situation mutuelle.

C'était passer du ciel au martyre, et du martyre au ciel. Aussi, le jeune seigneur léger, content, marcha-t-il gaîment au supplice, trouvant que les douleurs de la question ne paieraient pas encore les délices de son amour.

Comme Tristan allait détourner la rue du Mûrier, ses gens s'arrêtèrent à l'aspect d'un officier des gardes écossaises, qui accourait à bride abattue.

— Qu'y a-t-il ?.... demanda Tristan.

— Rien qui vous regarde, répondit dédaigneusement l'officier. Le roi m'envoie querir le comte et la comtesse de Saint-Vallier, qu'il convie à dîner.

Le grand-prevôt n'avait pas atteint la levée du Plessis, que le comte et sa femme, tous deux montés, elle sur une mule blanche, lui sur son cheval, et suivis de deux pages, rejoignirent les archers, afin d'entrer tous de compagnie au Plessis-lez-Tours. Ils allaient assez lentement, Georges étant à pied, entre deux gardes, dont l'un le tenait toujours par sa lanière. Tristan, le comte et sa femme, étaient naturellement en avant, et le criminel les suivait. Le jeune page, qui se trouvait mêlé aux archers, les questionnait, et parlait aussi parfois au prisonnier, de sorte qu'il saisit adroitement une occasion de lui dire à voix basse :

— J'ai sauté par-dessus les murs du jardin, et suis venu apporter au Plessis une lettre écrite au roi par madame. Elle a pensé mourir en apprenant le vol dont vous êtes accusé. Ayez bon courage! elle va parler de vous.

Ainsi, déjà, l'amour avait donné sa force et sa ruse à la comtesse; et, quand elle avait ri, son attitude et ses sourires étaient dus à cet héroïsme dont les femmes donnent de si belles preuves dans les grandes crises de leur vie.

Malgré la singulière fantaisie que l'auteur de *Quentin Durward* a eue de placer le château royal du Plessis-lez-Tours sur une hauteur, il faut se résoudre à le laisser où il était à cette époque, dans un fond, protégé de deux côtés par le Cher et la Loire; puis, par le canal Sainte-Anne, ainsi nommé par Louis XI en l'honneur de sa fille chérie, Mme de Beaujeu. En réunissant les deux rivières entre la ville de

Tours et le Plessis, ce canal donnait tout à la fois une redoutable fortification au château, et une route précieuse au commerce. Du côté du Bréhémont, vaste et fertile plaine, le parc était défendu par un fossé dont les vestiges accusent encore aujourd'hui la largeur et la profondeur énormes.

A une époque où le pouvoir de l'artillerie était à sa naissance, la position du Plessis, dès long-temps choisie par Louis XI pour sa retraite, pouvait alors être regardée comme inexpugnable.

Le château, bâti de briques et de pierres, n'avait rien de remarquable ; mais il était entouré de beaux ombrages ; et, de ses fenêtres, l'on découvrait par les percées du parc (*Plexitium*) les plus beaux points de vue du monde. Du reste, nulle maison rivale ne s'élevait auprès de ce château solitaire, placé précisément au centre de la petite plaine réservée au roi par quatre redoutables enceintes d'eau.

S'il faut en croire les traditions, Louis XI occupait l'aile occidentale, et de sa chambre il pouvait voir, tout à la fois, le cours de la Loire ; de l'autre côté du fleuve, la jolie vallée qu'arrose la Choisille et une partie des coteaux de Saint-Cyr ; puis, par les croisées qui donnaient sur la cour, il embrassait l'entrée de sa forteresse et la levée par laquelle il avait joint sa demeure favorite à la ville de Tours.

Le caractère défiant de ce monarque donne de la solidité à ces conjectures. Du reste, si Louis XI eût répandu dans la construction de son château le luxe d'architecture que, plus tard, déploya François Ier à Chambord, la demeure des rois de France eût été pour toujours acquise à la Touraine. Il suffit d'aller voir cette admirable position et ses magiques aspects pour être convaincu de sa supériorité sur tous les sites des autres maisons royales.

Alors Louis XI, arrivé à la cinquante-septième année de son âge, avait à peine trois ans à vivre, et sentait déjà les approches de la mort aux coups que lui portait la maladie. Délivré de ses ennemis, sur le point d'augmenter la France de toutes les possessions des ducs de Bourgogne, à la faveur d'un mariage entre le dauphin et Marguerite, héritière de Bourgogne, ménagé par les soins de Desquerdes, le commandant de ses troupes en Flandre; ayant établi son autorité partout, méditant les plus heureuses améliorations, il voyait le monde, le temps lui échapper, et n'avait plus que les malheurs de son âge.

Trompé même par ses créatures, l'expérience avait encore augmenté sa défiance naturelle. Le désir de vivre devenait en lui l'égoïsme d'un roi qui s'était incarné à son peuple, et il voulait prolonger sa vie pour achever de vastes desseins.

Tout ce que le bon sens des publicistes et le génie des révolutions a introduit de changemens dans la monarchie, Louis XI le pensa. L'unité de l'impôt, l'égalité des sujets devant la loi (mais alors le prince était la loi) furent l'objet de ses tentatives hardies. La veille de la Toussaint, il avait mandé de savans orfévres, afin d'établir en France l'unité des mesures et des poids, comme il y avait établi déjà l'unité du pouvoir. Ainsi cet esprit immense planait en aigle sur tout l'empire, et Louis XI joignait alors à toutes les précautions du roi les bizarreries naturelles aux hommes d'une haute portée.

A aucune époque, cette grande figure n'a été ni plus poétique ni plus belle. Assemblage inouï de contrastes!... un grand pouvoir dans un corps débile; un esprit incrédule aux choses d'ici-bas et crédule aux momeries religieuses; un homme luttant avec deux puissances plus fortes que les siennes, le présent et l'avenir;

l'avenir, où il redoutait de rencontrer des tourmens, et qui lui faisait faire tant de sacrifices à l'Église; le présent, ou sa vie elle-même, au nom de laquelle il obéissait à Coyctier. Ce roi, qui écrasait tout, était écrasé par des remords, peut-être, et plus encore par la maladie, au milieu de toute la poésie qui s'attache aux rois soupçonneux, dans lesquels le pouvoir s'est résumé. C'était le combat gigantesque et toujours magnifique de l'homme, dans la plus haute expression de ses forces, joutant contre la nature.

En attendant l'heure fixée pour son dîner, repas qui se faisait à cette époque entre onze heures et midi, Louis XI, revenu d'une courte promenade, était assis dans une grande chaire de tapisserie, au coin de la cheminée de sa chambre.

Olivier-le-Daim et le médecin Coyctier, se regardant tous deux sans mot dire, restaient debout dans l'embrasure d'une fenêtre, en respectant le sommeil de leur maître.

Le seul bruit que l'on entendît était celui que faisaient, en se promenant dans la première salle, deux chambellans de service, le sire de Montrésor et de Bridoré, et Jean Dufou, sire de Montbazon, deux seigneurs tourangeaux, qui regardaient le capitaine des Écossais, probablement endormi dans son fauteuil, suivant son habitude.

Le roi paraissait assoupi. Sa tête était penchée sur sa poitrine; son bonnet, avancé sur le front, lui cachait presque entièrement les yeux; et, dans sa haute chaire, surmontée d'une couronne royale, il semblait ramassé comme un homme qui s'est endormi au milieu de quelque méditation.

En ce moment, Tristan et son cortége passaient sur le pont Sainte-Anne, qui se trouvait à deux cents pas de l'entrée du Plessis, sur le canal.

— Qui est-ce?.... dit le roi.

Les deux courtisans s'interrogèrent par un regard avec surprise.

— Il rêve!... dit tout bas Coyctier.

— Pasques Dieu! reprit Louis XI, me croyez-vous fou?... Il passe du monde sur le pont!.... Il est vrai que je suis près de la cheminée, et que je dois en entendre le bruit plus facilement que vous autres!.... C'est un effet de la nature qui pourrait s'utiliser.

— Quel homme!.... dit le Daim.

Louis XI se leva, alla vers celle de ses croisées par laquelle il pouvait voir la ville; alors il aperçut le prevôt, et dit :

— Ah! ah! voici mon compère avec son voleur; et voilà de plus ma petite Marie de Saint-Vallier. J'ai oublié toute cette affaire....

— Olivier, reprit-il en s'adressant au barbier, va dire à Dufou qu'il nous serve du bon vin de Bourgueil à table, et vois à ce que le cuisinier ne nous manque pas la lamproie : ce sont deux choses que cette petite aime beaucoup.....

— Puis-je manger de la lamproie?... ajouta-t-il, après une pause, en regardant Coyctier d'un air inquiet.

Pour toute réponse, le serviteur se mit à examiner le visage de son maître.

Ces deux hommes étaient à eux seuls un tableau.

Les romanciers et l'histoire ont consacré le surtout de camelot brun et le haut-de-chausses de même étoffe que portait Louis XI. Son bonnet garni de médailles en plomb et son collier de l'ordre de Saint-Michel ne sont pas moins célèbres; mais aucun écrivain, nul peintre n'a représenté la figure de ce terrible monarque à ses derniers momens; figure maladive, creusée, jaune et brune, dont tous les traits exprimaient une ruse amère, une ironie froide. Il y avait dans ce masque un front de grand homme, front sillonné de rides et chargé de hautes pensées; puis, dans ses joues et sur ses lèvres, je ne sais quoi de vulgaire et de commun. A voir certains détails de cette physionomie, vous eussiez dit un vieux vigneron débauché, un commerçant avare; mais à travers ces ressemblances vagues et la décrépitude d'un vieillard mourant, le roi, l'homme de pouvoir et d'action dominait. Ses yeux, d'un jaune clair, paraissaient éteints; mais une étincelle de courage et de colère y couvait; et, au moindre choc, il pouvait en jaillir des flammes à tout embraser.

Le médecin était un gros bourgeois, vêtu de noir, à face fleurie, tranchant, avide, et faisant l'important.

Ces deux personnages avaient pour cadre une chambre boisée en noyer, tapissée en tissus de haute-lice de Flandre, et dont le plafond, formé de solives sculptées, était déjà noirci par la fumée. Les meubles, le lit, tous incrustés d'arabesques en étain, paraîtraient aujourd'hui plus précieux peut-être qu'ils ne l'étaient réellement à cette époque, où les arts commençaient à produire tant de chefs-d'œuvre.

— La lamproie ne vous vaut rien!.... répondit le *physicien*.

Ce nom, qui avait été récemment substitué à celui de *maître myrrhe*, est resté aux docteurs en Angleterre; c'était alors le titre donné partout aux médecins.

— Et que mangerais-je?... demanda humblement le roi.

— De la macreuse au sel.... Autrement, vous avez tant de bile en mouvement, que vous pourriez mourir le jour des Morts.

— Aujourd'hui!... s'écria le roi frappé de terreur.

— Eh! sire, rassurez-vous, reprit Coyctier, je suis là!.... Tâchez de ne point vous tourmenter, et voyez à vous égayer.

— Ah! dit le roi, ma fille réussissait jadis à ce métier difficile.

Là-dessus, Imbert de Bastarnay, sire de Montrésor et de Bridoré, frappa doucement à l'huis royal; et, sur le permis du roi, il entra pour lui annoncer le comte et la comtesse de Saint-Vallier.

Louis XI fit un signe; et Marie parut, suivie de son vieil époux, qui la laissa passer la première.

— Bonjour, mes enfans!.... dit le roi.

— Sire, répondit à voix basse la dame en l'embrassant, je voudrais vous parler en secret.....

Louis XI n'eut pas l'air d'avoir entendu. Il se tourna vers la porte, et cria d'une voix creuse :

— Holà, Dufou!....

Dufou, seigneur de Montbazon, et de plus grand échanson de France, vint en grande hâte.

— Va voir le maître d'hôtel; il me faut une macreuse à manger.... Puis, tu iras chez madame de Beaujeu lui dire que je veux dîner seul aujourd'hui.....

— Savez-vous, madame, reprit le roi en feignant d'être un peu en colère, que vous me négligez?.... Voici trois ans bientôt que je ne vous ai vue.....

— Allons, venez là, mignonne!... ajouta-t-il en s'asseyant et lui tendant les bras..... Vous êtes bien maigrie!....

— Et pourquoi la maigrissez-vous?..... demanda brusquement Louis XI au sieur de Poitiers.

Le jaloux jeta un regard si craintif à sa femme, qu'elle en eut pitié.

— C'est le bonheur!.... répondit-il.

— Ah! vous vous aimez trop!... dit le roi, qui tenait sa fille toute droite entre ses genoux. Allons, je vois que j'avais raison en te nommant Marie-pleine-de-grâce.....

— Coyctier, laissez-nous.....

— Que me voulez-vous?.... dit-il à sa fille au moment où le médecin s'en alla; car pour m'avoir envoyé votre.....

Dans ce danger, Marie mit hardiment sa main sur la bouche du roi, en lui disant:

— Je vous croyais toujours discret et pénétrant.....

— Saint-Vallier, dit le roi en riant, je crois que Bridoré veut t'entretenir de quelque chose.....

Le comte sortit; mais il fit un geste d'épaule, bien connu de sa femme, qui, devinant toutes les pensées de son mari, jugea qu'elle devait en prévenir les mauvais desseins.

— Dis-moi, mon enfant, comment me trouves-tu?.... Hein! — Suis-je bien changé?

— En dà, sire, voulez-vous la vraie vérité; ou voulez-vous que je vous trompe?

— Non..... dit-il à voix basse, j'ai besoin de savoir où j'en suis!....

— En ce cas, vous avez aujourd'hui bien mauvais visage!.... Mais que ma véracité ne nuise pas au succès de mon affaire.....

— Quelle est-elle?.... dit le roi en fronçant les sourcils et promenant ses mains sur son front.

— Ah bien! sire, dit-elle, le jeune homme que vous avez fait arrêter chez votre argentier Cornélius, et qui se trouve en ce moment livré à votre grand-prevôt, est innocent du vol des joyaux du duc de Bavière....

— Et d'où sais-tu cela?.... reprit le roi.

Marie baissa la tête, et rougit.

— Il ne faut pas demander s'il y a de l'amour là-dessous?... dit Louis XI en relevant avec douceur la tête de sa fille dont il caressa le menton.

— Ne pouvez-vous m'obliger sans violer mes secrètes pensées?

— Où serait le plaisir?..... s'écria le roi, voyant dans cette affaire un sujet d'amusement.

— Ah! voulez-vous que votre plaisir me coûte des chagrins?....

— Oh! rusée..... n'as-tu pas confiance en moi?

— Alors, sire, faites mettre ce gentilhomme en liberté.

— Ah! c'est un gentilhomme!... s'écria le roi. Ce n'est donc pas un apprenti?....

— C'est bien sûrement un innocent!.... répondit-elle.

— Je ne vois pas ainsi!.... dit froidement le roi..... Je suis le grand justicier de mon royaume, et dois punir les malfaiteurs.....

— Allons, ne faites pas votre mine soucieuse, et donnez-moi la vie de ce jeune homme!

— Ne serait-ce pas reprendre ton bien?

— Sire, dit-elle, je suis sage et vertueuse... Vous vous moquez....

— Alors, dit Louis XI, comme je ne comprends rien à toute cette affaire, laissons Tristan l'éclaircir.....

Marie de Sassenage pâlit; et, faisant un violent effort, elle s'écria :

— Sire, je vous assure que vous serez au désespoir de ceci!.... Le prétendu coupable n'a rien volé.... Si vous m'accordez sa grâce, je vous révélerai tout, dussiez-vous me punir !.....

— Oh! oh!..... ceci devient sérieux! fit Louis XI en mettant son bonnet de côté. Parle, ma fille.....

— Hé bien, reprit-elle à voix basse en mettant ses lèvres à l'oreille de son père, ce gentilhomme a été chez moi pendant toute la nuit.....

— Il a bien pu tout ensemble aller chez toi et voler Cornélius.....

— Sire, j'ai de votre sang dans les veines, et ne suis pas faite pour aimer un truand..... Ce gentilhomme est neveu du capitaine général de vos arbalétriers.....

— Allons donc!.... dit le roi. Tu es bien difficile à confesser!....

A ces mots, Louis XI, jetant sa fille loin de lui, toute tremblante, courut à la porte de sa chambre, mais sur la pointe des pieds, et de manière à ne faire aucun bruit.

Depuis un moment, le jour d'une croisée de l'autre salle, éclairant le dessous de l'huisserie, lui avait permis de voir l'ombre des pieds d'un curieux, projetée dans sa chambre par l'espace qui se trouvait entre la porte et le plancher.

Il ouvrit brusquement l'huis garni de ferrures, et surprit le comte de Saint-Vallier aux écoutes.

— Pasques Dieu!... s'écria-t-il, voici une hardiesse qui mérite la hache!

— Sire, répliqua fièrement Saint-Vallier, j'aime mieux un coup de hache à la tête que l'ornement du mariage à mon front.

— Vous pourrez avoir l'un et l'autre!..... dit Louis XI. Nul de vous n'est exempt de ces deux infirmités. Retirez-vous dans l'autre salle.

— Conyngham!... reprit le roi en s'adressant à son capitaine des gardes, vous dormiez donc?.... Où est M. de Bridoré?.... Vous me laissez approcher ainsi?.... Pasques Dieu! le dernier bourgeois de Tours est mieux servi que je ne le suis!....

Ayant ainsi grondé, Louis rentra dans sa chambre; mais il eut soin de tirer la portière en tapisserie qui formait en dedans une seconde porte destinée à étouffer moins le sifflement de la bise que le bruit des paroles du roi.

— Ainsi, ma fille, reprit-il en prenant plaisir à jouer avec elle comme un chat joue avec la souris qu'il a saisie, hier Georges d'Estouteville a été ton galant!....

— Oh! non, sire.....

— Non!.... Ah! par saint Carpion! il mérite la mort. — Le drôle n'a pas trouvé ma fille assez belle..... peut-être!

— Oh! n'est-ce que cela?.... dit-elle. Je vous assure qu'il m'a baisé les pieds et les mains avec une ardeur dont la plus vertueuse de toutes les femmes eût été attendrie. Il m'aime en tout bien, tout honneur.

— Tu me prends donc pour saint Louis, en pensant que je croirai de telles sornettes? Un jeune gars tourné comme lui aurait risqué sa vie pour baiser tes patins ou tes manches!... A d'autres.

— Oh! sire..... cela est vrai. Mais il venait aussi pour un autre motif.

A ces mots, Marie sentit qu'elle avait risqué la vie de son mari; car aussitôt Louis XI demanda vivement :

— Et pourquoi?....

Cette aventure l'amusait infiniment. Certes, il ne s'attendait pas aux étranges confidences que sa fille finit par lui faire, après avoir stipulé le pardon de son mari.

— Ah! ah! monsieur de Saint-Vallier, vous versez ainsi le sang royal!.... s'écria le roi, dont les yeux s'allumèrent de courroux.

En ce moment, la cloche du Plessis sonna le service du roi. Louis XI, appuyé sur le bras de sa fille, parut, les sourcils contractés, sur le seuil de sa porte, et trouva tous ses serviteurs sous les armes.

Jetant un regard douteux au comte de Saint-Vallier, il sembla penser à l'arrêt qu'il allait prononcer sur lui.

Le profond silence qui régnait fut alors interrompu par les pas de Tristan, qui montait le grand escalier. Il vint jusque dans la salle, et, s'avançant vers le roi :

— Sire, l'affaire est toisée.

— Quoi! tout est achevé?.... dit le roi.

— Notre homme est entre les mains des religieux. Il a fini par avouer le vol, après un moment de question.....

La comtesse poussa un soupir, pâlit, et ne trouvant même pas de voix, regarda le roi.

Ce coup d'œil fut saisi par Saint-Vallier, qui dit à voix basse :

— Je suis trahi...... Ce voleur est de la connaissance de ma femme!....

— Silence! cria le roi. Il y a donc ici quelqu'un qui veut me lasser!....

— Va vite surseoir à cette exécution!.... reprit-il en s'adressant au grand-prevôt. Tu me réponds du criminel corps pour corps, mon compère! Cette affaire veut être mieux distillée, et je m'en réserve la connaissance. Mets provisoirement le coupable en liberté; je saurai le retrouver; puis, fais savoir à Cornélius que j'irai chez lui, dès ce soir, pour instruire moi-même le procès.

— Monsieur de Saint-Vallier!... dit le roi en le regardant fixement, j'ai de vos nouvelles. Tout votre sang ne saurait payer une goutte du mien..... Le savez-vous?.... Par Notre-Dame de Cléry, vous avez commis des crimes de lèse-majesté. Vous ai-je donné aussi gentille femme pour la rendre pâle et brehaigne? Çà, rentrez chez vous de ce pas. Et allez y faire vos apprêts pour un long voyage.....

Le roi s'arrêta sur ces mots, par une habitude de cruauté; puis, il ajouta:

— Vous partirez ce soir pour voir à ménager mes affaires avec messieurs de Venise. Soyez sans inquiétude; je ramènerai votre femme ce soir en mon château du Plessis ; elle y sera, certes, en sûreté. Désormais je veillerai sur elle mieux que je ne l'ai fait depuis votre mariage.....

En entendant ces mots, Marie pressa silencieusement le bras de son père, comme pour le remercier de sa clémence et de sa belle humeur.

Quant à Louis XI, il se divertissait sous cape.

IV.

LE TRÉSOR INCONNU.

Louis XI aimait beaucoup à intervenir dans les affaires de ses sujets, et mêlait volontiers la majesté royale aux scènes de la vie bourgeoise. Ce goût lui a été sévèrement reproché par quelques historiens; mais ce n'était cependant que la passion de l'*incognito*, l'un des plus grands plaisirs des princes, espèce d'abdication momentanée qui leur permet de mettre un peu de vie commune dans leur existence affadie par le défaut d'oppositions ; seulement, Louis XI jouait l'*incognito* à découvert. Du reste, en ces sortes de rencontres, il était bon homme, et s'efforçait de plaire aux gens du tiers-état, dont il avait fait ses alliés contre la féodalité.

Depuis long-temps il n'avait pas trouvé l'occasion de se faire peuple, et d'épouser les intérêts domestiques d'un homme *engarrié* dans quelque affaire processive (vieux mot encore en usage à Tours), de sorte qu'il endossa passionnément les inquiétudes de maître Cornélius et les chagrins secrets de la comtesse de Saint-Vallier.

A plusieurs reprises, pendant le dîner, il dit à sa fille :

— Mais qui donc a pu voler mon compère?.... Voilà des larcins qui montent à plus de douze cent mille écus depuis huit ans !....

— Douze cent mille écus, Messieurs!..... reprit-il en regardant les seigneurs qui le servaient. Notre Dame !... avec cette somme on aurait bien des absolutions en cour de Rome!..... J'aurais pu, Pasques Dieu, encaisser la Loire, ou mieux, conquérir le Piémont, une belle fortification toute faite pour notre royaume.....

Le dîner fini, Louis XI emmena sa fille, son médecin, le grand-prevôt, et suivi d'une escorte de gens d'armes, vint à l'hôtel de Poitiers, où il trouva encore, suivant ses présomptions, le sire de Saint-Vallier qui attendait sa femme, peut-être pour s'en défaire.

— Monsieur, lui dit le roi, je vous avais recommandé de partir plus vite ; mais dites adieu à votre femme, et gagnez la frontière, vous aurez une escorte d'honneur. Quant à vos instructions et lettres de créance, elles seront à Venise avant vous.

Louis XI donna l'ordre, non sans y joindre quelques instructions secrètes, à un lieutenant de la garde écossaise de prendre une escouade, et d'accompagner son ambassadeur jusqu'à Venise.

Saint-Vallier partit en grande hâte, après avoir donné à sa femme un baiser froid qu'il aurait voulu rendre mortel.

Lorsque la comtesse fut rentrée chez elle, Louis XI vint à la Malemaison, fort empressé de dénouer la triste farce qui se jouait chez son compère le torçonnier, se flattant, en sa qualité de roi, d'avoir assez de perspicacité pour découvrir les secrets des voleurs.

Cornélius ne vit pas sans quelque appréhension la compagnie de son maître.

— Est-ce que tous ces gens-là, lui dit-il à voix basse, seront de la cérémonie?

Louis XI ne put s'empêcher de sourire en voyant l'effroi de l'avare et de sa sœur.

— Non, mon compère, reprit-il, rassure-toi. Ils souperont avec nous dans mon logis, et nous serons seuls à faire l'enquête... Je suis si bon justicier que je gage dix mille écus de te trouver le criminel.....

— Trouvons-le, sire, et ne gageons pas.

Aussitôt ils allèrent dans le cabinet où le Lombard avait mis ses trésors. Là, Louis XI s'étant fait montrer d'abord la layette où étaient les joyaux de l'électeur de Bavière, puis la cheminée par laquelle le prétendu voleur avait dû descendre, convainquit facilement le Brabançon de la fausseté de ses suppositions, attendu qu'il ne se trouvait point de suie dans l'âtre, où il se faisait, à vrai dire, rarement du feu; nulle trace de route dans le tuyau; et, de plus, la cheminée prenait naissance sur le toit dans une partie presque inaccessible.

Enfin, après deux heures de perquisitions empreintes de cette sagacité qui distinguait le génie méfiant de Louis XI, il lui fut évidemment démontré que personne n'avait pu s'introduire dans le trésor de son compère. Aucune marque de violence n'existait ni dans l'intérieur des serrures, ni sur les coffres de fer où se trouvaient l'or, l'argent et les gages précieux donnés par de riches débiteurs.

— Si le voleur a ouvert cette layette, dit Louis XI, pourquoi n'a-t-il pris que les joyaux de Bavière?... Pour quelle raison a-t-il respecté ce collier de perles?... Singulier truand!

A cette réflexion, le pauvre torçonnier blêmit; le roi et lui s'entre-regardèrent pendant un moment.

— Eh bien! sire, qu'est donc venu faire ici le voleur que vous avez pris sous votre protection, et qui s'est promené pendant la nuit?... demanda Cornélius.

— Si tu ne le devines pas, mon compère, je t'ordonne de toujours l'ignorer. C'est un de mes secrets...

— Alors le diable est chez moi!... dit piteusement l'avare.

En toute autre circonstance, le roi eût

peut-être ri de l'exclamation de son argentier; mais il était devenu pensif, et jetait sur maître Cornélius ces coups d'œil à traverser la tête qui sont si familiers aux hommes de talent ou de pouvoir; aussi, le Brabançon en fut-il effrayé, craignant d'avoir offensé son redoutable maître.

— Ange ou diable, je tiens les malfaiteurs... s'écria brusquement Louis XI. Si tu es volé cette nuit, je saurai dès demain par qui.

— Fais monter cette vieille guenon que tu nommes ta sœur!.... ajouta-t-il.

Cornélius hésita presque à laisser le roi tout seul dans la chambre où étaient ses trésors; mais il sortit, vaincu par la puissance du sourire amer qui errait sur les lèvres flétries de Louis XI.

Cependant, malgré sa confiance, il revint promptement suivi de la vieille.

— Avez-vous de la farine?... demanda le roi.

— Oh! certes, nous avons fait notre provision pour l'hiver!... répondit-elle.

— Eh bien! montez-la, dit le roi.

— Et que voulez-vous faire de notre farine!... s'écria-t-elle effarée, sans être aucunement atteinte par la majesté royale, ressemblant en cela à toutes les personnes en proie à quelque violente passion.

— Vieille folle, veux-tu bien exécuter les ordres de notre gracieux maître ! cria Cornélius. Le roi manque-t-il de farine ?...

— Achetez donc de la belle farine !... dit-elle en grommelant dans les escaliers ; ah ! ma farine ! Quelle idée de vouloir examiner ma farine !...

Enfin elle revint avec une de ces poches en toile qui, de temps immémorial, servent en Touraine à porter au marché ou à en rapporter les noix, les fruits et le blé. La poche était pleine de farine, et la ménagère, l'ayant ouverte à demi, elle la montra timidement au roi, sur lequel elle jetait ces regards fauves et rapides par lesquels les vieilles filles semblent vouloir darder du venin sur les hommes.

— Elle vaut six sous la septérée !... dit-elle.

— Qu'importe !.... répondit le roi, répandez-la sur le plancher !..... — Surtout, ayez soin de l'y étaler de manière à produire une couche bien égale, comme s'il y était tombé de la neige.

La vieille fille ne comprit pas. Cette proposition l'étonnait plus que n'eût fait la fin du monde.

— Ma farine!..... sire..... par terre..... mais.....

Maître Cornélius, commençant à concevoir, mais vaguement, les intentions du roi, saisit la poche, et la versa doucement sur le plancher. La vieille tressaillit, mais elle tendit la main pour reprendre la poche; et, quand son frère la lui eut rendue, elle disparut en poussant un grand soupir.

Cornélius, ayant pris un plumeau, commença par un côté du cabinet à étendre la farine, qui produisait comme une nappe de neige; et il reculait à mesure, suivi du roi, qui paraissait s'amuser beaucoup de cette opération.

Quand ils arrivèrent à l'huis, il dit à son compère :

— Y a-t-il deux clefs de la serrure?

— Non, sire.

Le roi regarda le mécanisme de la porte. Elle était maintenue par de grandes plaques et par des barres en fer; les pièces de cette armure aboutissaient à une serrure à secret dont Cornélius avait la clef.

Louis XI ayant tout examiné fit venir Tristan, et lui dit de poster à la nuit quelques uns de ses gens d'armes dans le plus grand secret, soit sur les mûriers de la levée, soit sur les chéneaux des hôtels voisins, et de rassembler toute son escorte pour se rendre au Plessis, afin de faire croire qu'il ne souperait pas chez maître Cornélius ; puis, il recommanda sur toute chose à l'avare de fermer assez exactement ses croisées pour qu'il ne s'en échappât aucun rayon de lumière, et de préparer un festin sommaire, afin de ne pas donner lieu de penser qu'il le logeât pendant cette nuit.

Et, de fait, le roi partit en cérémonie par la levée, et rentra secrètement, lui troisième, par la porte du rempart, chez son compère le torçonnier.

Tout fut si bien disposé, que les voisins, les gens de ville et de cour pensèrent que le roi était retourné par fantaisie au Plessis, et devait revenir le lendemain soir souper chez son argentier.

La sœur de Cornélius confirma cette croyance en achetant de la sauce verte à la boutique du bon faiseur, qui demeurait près du *quarroir aux herbes*, appelé depuis le *carroir de Beaune*, à cause de la magnifique fontaine en marbre blanc que le malheureux Semblançay (Jacques de Beaune) fit venir d'Italie pour orner la capitale de sa patrie.

Vers les huit heures du soir, au moment où le roi soupait en compagnie de son médecin, de Cornélius et du capitaine de sa garde écossaise, disant de joyeux propos, et oubliant qu'il était Louis XI malade et presque mort, le plus profond silence régnait au-dehors, et un passant, un voleur même, aurait pu prendre la Malemaison pour quelque logis inhabité.

— J'espère, dit le roi en souriant, que mon compère sera volé cette nuit, pour que ma curiosité soit satisfaite. Or çà, Messieurs, que nul ici ne sorte de sa chambre demain sans mon ordre, sous peine de quelque griève pénitence.....

Là-dessus chacun se coucha.

Le lendemain matin, Louis XI sortit le premier de son appartement, et se dirigea vers le trésor de Cornélius; mais il ne fut pas médiocrement étonné en apercevant les marques d'un large pied semées par les escaliers et les corridors de la maison. Respectant avec soin ces précieuses empreintes, il alla vers la porte du cabinet aux écus, et la trouva fermée sans aucunes traces de fracture. Alors, il étudia la direction des pas; mais comme ils étaient graduellement plus faibles, et finissaient par ne plus laisser le moindre vestige, il lui fut impossible de découvrir par où s'était enfui le voleur.

— Ah! mon compère, cria le roi à Cornélius, tu as été bel et bien volé!....

A ces mots, le vieux Brabançon sortit, en proie à une visible épouvante.

Louis XI le mena voir les pas tracés sur les planchers; et, tout en les examinant derechef, le roi, ayant regardé par hasard les pantoufles de l'avare, reconnut le type de la semelle, dont tant d'exemplaires étaient gravés sur les dalles.

Il ne dit mot, et retint son rire, en pensant à tous les innocens qui avaient été pendus.

L'avare alla promptement à son trésor; et là, le roi, lui ayant commandé de faire avec son pied une nouvelle marque auprès de celles qui existaient déjà, il le convainquit que le voleur n'était autre que lui-même.

— Le collier de perles me manque!..... s'écria Cornélius. Il y a de la sorcellerie là-dessous ; car je ne suis pas sorti de ma chambre.

— Nous allons le savoir au plus tôt! dit le roi, que la visible bonne foi de son argentier rendit encore plus pensif.

Aussitôt il fit venir dans son appartement les gens d'armes de guette, et leur demanda :

— Or çà, qu'avez-vous vu pendant la nuit ?

— Ah! sire, un spectacle de magie! dit le lieutenant. Monsieur votre argentier a descendu comme un chat le long des murs, et si lestement que nous avons cru d'abord que c'était une ombre.

— Moi! cria Cornélius, qui, après ce mot, resta debout et silencieux, comme un homme perclus de ses membres.

— Allez-vous-en, vous autres!.... reprit le roi en s'adressant aux archers, et dites à MM. Conyngham, Coyctier, Bridoré, ainsi qu'à Tristan, qu'ils peuvent sortir de leurs lits et venir céans.....

— Tu as encouru la peine de mort..... dit froidement Louis XI au Brabançon, qui heureusement ne l'entendit pas. Tu en as au moins dix sur la conscience, toi!....

Là, Louis XI laissa échapper un rire muet, et fit une pause :

— Mais rassure-toi, reprit-il en remarquant la pâleur étrange répandue sur le visage de l'avare; tu es meilleur à saigner qu'à tuer.... Et, moyennant quelque bonne grosse amende au profit de mon épargne, tu te tireras des griffes de ma justice; mais si tu ne fais pas bâtir au moins une chapelle en l'honneur de la Vierge, tu es en passe de te bailler des affaires graves et chaudes pendant toute l'éternité!....

— Douze cent trente et quatre-vingt-sept mille écus font treize cent dix-sept mille écus.... répondit machinalement Cornélius, absorbé dans ses calculs. — Il y a treize cent dix-sept mille écus de détournés!...

— Il les aura enfouis dans quelque retrait!.... dit le roi, qui commençait à trouver la somme royalement belle. Voilà l'aimant qui l'attirait toujours ici..... Il sentait son trésor.

Là-dessus Coyctier entra. Voyant l'attitude de Cornélius, il l'observa savamment pendant que le roi lui racontait l'aventure.

— Sire, répondit le médecin, il n'y a rien de surnaturel dans cette affaire. Le torçonnier a la propriété de marcher pendant son sommeil. Voici le troisième exemple que je rencontre de cette singulière maladie; et si vous vouliez vous donner le plaisir d'être témoin de ses effets, vous pourriez voir ce vieillard aller sans danger au bord des toits, à la première nuit où il sera pris par un accès..... J'ai remarqué, dans les deux hommes que j'ai déjà observés, des liaisons curieuses entre les affections de cette vie nocturne et leurs affaires, ou leurs occupations du jour.

— Ah! maître Coyctier, tu es savant!....

— Ne suis-je pas votre médecin!.... dit insolemment le physicien.

A cette réponse, Louis XI laissa échapper le geste qu'il lui était familier de faire lorsqu'il rencontrait une bonne idée, et qui consistait à rehausser vivement son bonnet.

— Dans cette occurrence, reprit Coyctier en continuant, les gens font leurs affaires en dormant; et comme celui-ci ne hait pas à thésauriser, il se sera livré tout doucement à sa plus chère habitude...... aussi a-t-il dû avoir des accès toutes les fois qu'il a pu concevoir pendant la journée des craintes pour ses trésors.

— Pasques Dieu ! quel trésor !.... s'écria le roi.

— Où est-il?.... demanda Cornélius, qui, par un singulier privilége de notre nature, entendait les propos du médecin et du roi, tout en restant presque engourdi par ses idées et par son malheur.

— Ah! reprit Coyctier avec un gros rire diabolique, les noctambules n'ont au réveil aucun souvenir de leurs faits et gestes.....

— Laissez-nous !..... dit le roi.

Quand Louis XI fut seul avec son compère, il le regarda en ricanant à froid.

— Messire Hoogworst, ajouta-t-il en s'inclinant, tous les trésors enfouis en France sont au roi.....

— Oui, sire, tout est à vous, et vous êtes le maître absolu de nos vies et de nos fortunes; mais jusqu'à présent vous avez eu la clémence de ne prendre que ce qui vous était nécessaire.....

— Écoute, mon compère.... Si je t'aide à retrouver ce trésor, tu peux hardiment et sans crainte en faire le partage avec moi.....

— Non, sire, je ne veux pas le partager, mais vous l'offrir tout entier..... après ma mort..... Mais quel est votre expédient?

— Je n'aurai qu'à t'épier moi-même pendant que tu feras tes courses nocturnes...... Un autre que moi serait à craindre.

— Ah! sire, reprit Cornélius en se jetant aux pieds de Louis XI, vous êtes le seul homme du royaume à qui je voudrais me confier pour cet office, et je saurai bien vous prouver ma reconnaissance pour la bonté dont vous usez envers votre serviteur, en m'employant de mes quatre fers au mariage de l'héritière de Bourgogne avec monseigneur... Voilà un beau trésor, non plus d'écus, mais de domaines, qui saura rendre votre couronne toute ronde.

— Là, là, Flamand, tu me trompes!...... dit le roi en fronçant les sourcils, ou tu m'as mal servi...

— Comment, sire, pouvez-vous douter de mon dévouement? vous qui êtes le seul homme que j'aime.

— Ce sont des paroles, ceci!... reprit le roi en envisageant le Brabançon. Tu ne devais pas attendre cette occasion pour m'être utile. Tu me vends ta protection, Pasques Dieu! à moi Louis-le-Onzième. Est-ce toi qui es le maître, et suis-je donc le serviteur!... han! han!

— Ah! sire, répliqua le vieux torçonnier, je voulais vous surprendre agréablement par la nouvelle des intelligences que je vous ai ménagées avec ceux de Gand; et j'en attendais la confirmation par l'apprenti d'Oosterlinck. Mais.... qu'est-il devenu?.....

— Assez, dit le roi. C'est encore une faute. Je n'aime pas qu'on se mêle, malgré moi, de mes affaires, et.... assez. Je veux réfléchir à tout ceci.....

Maître Cornélius retrouva l'agilité de la jeunesse pour courir à la salle basse, où était sa sœur.

— Ah! Jeanne, ma chère âme, nous avons ici un trésor où j'ai mis les treize cent mille écus!.. Et c'est moi!—moi! qui suis le voleur...

Jeanne Hoogworst se leva de son escabelle, et se dressa sur ses pieds, comme si le siége qu'elle quittait eût été de fer rouge.

Cette secousse était si violente pour une vieille fille accoutumée depuis longues années à s'exténuer par des jeûnes volontaires, qu'elle tressaillit de tous ses membres et ressentit une horrible douleur dans le dos. Elle pâlit par degrés, et sa face, dont il était si difficile de déchiffrer les altérations parmi les rides, se décomposa pendant que son frère lui expliquait et la maladie dont il était la victime, et l'étrange situation dans laquelle ils se trouvaient tous deux.

— Nous venons, Louis XI et moi, dit-il en finissant, de nous mentir l'un à l'autre comme deux marchands de myrobolan. Tu comprends, mon enfant, que, s'il me suivait, il aurait à lui seul le secret du trésor... Il n'y a que le roi au monde qui puisse épier mes courses nocturnes... Je ne sais si la conscience du roi, tout près qu'il soit de la mort, pourrait résister à treize cent dix-sept mille écus... Il faut le prévenir, dénicher les merles, envoyer tous nos trésors à Gand, et..... toi seule.....

Cornélius s'arrêta soudain, en ayant l'air de peser le cœur de ce souverain, qui rêvait déjà le parricide à vingt-deux ans ; et lorsque l'argentier eût jugé Louis XI, il se leva brusquement, comme un homme pressé de fuir un danger.

A ce mouvement sa sœur, trop faible ou trop forte pour une telle crise, tomba roide... Elle était morte.

Maître Cornélius saisit sa sœur, la remua violemment, en lui disant :

— Il ne s'agit pas de mourir !... Après tu en auras tout le temps..... Oh ! c'est fini..... La vieille guenon !... elle n'a jamais rien su faire à propos.

Il lui ferma les yeux et la coucha sur le plancher ; mais alors il revint à tous les sentimens nobles et bons qui étaient dans le plus profond de son âme ; et, oubliant à demi son trésor inconnu :

— Ma pauvre compagne !... s'écria-t-il douloureusement, je t'ai donc perdue !... toi qui me comprenais si bien !... Oh ! tu étais un vrai trésor... Le voilà, le trésor !... Avec toi, s'en vont ma tranquillité, mes affections !... Si tu avais su quel profit il y avait à vivre seulement encore deux nuits, tu ne serais pas morte, uniquement pour me plaire... pauvre petite !... Hé ! Jeanne, treize cent dix-sept mille écus!..... Ah! si cela ne te réveille pas..... Non..... — Elle est morte!.....

Là-dessus il s'assit, ne dit plus rien ; mais deux grosses larmes sortirent de ses yeux et roulèrent dans ses joues creuses; puis, en laissant échapper plusieurs ha! ha! il ferma la salle et remonta chez le roi.

Louis XI fut frappé par la douleur empreinte dans les traits mouillés de son vieil ami.

— Qu'est ceci?... demanda-t-il.

— Ah! sire, un malheur n'arrive jamais seul!... Ma sœur est morte... Elle me précède là-dessous... dit-il en montrant le plancher par un geste effrayant.

— Assez! s'écria Louis XI, qui n'aimait pas à entendre parler de la mort...

— Je vous fais mon héritier... Je ne tiens plus à rien... Voilà mes clefs... Pendez-moi si c'est votre bon plaisir, prenez tout... fouillez la maison... Elle est pleine d'or. Je vous donne tout...

— Allons, compère, reprit Louis XI, qui fut à demi attendri par le spectacle de cette étrange peine, nous retrouverons le trésor par quelque belle nuit, et la vue de tant de richesses te redonnera cœur à la vie..... Je reviendrai cette semaine.....

— Quand il vous plaira, sire...

A cette réponse, Louis XI, qui avait fait quelques pas vers la porte de sa chambre, se retourna brusquement. Alors ces deux hommes se regardèrent l'un l'autre avec une expression que ni le pinceau ni la parole ne peuvent reproduire.

— Adieu, mon compère !..... dit enfin Louis XI d'une voix brève et en redressant son bonnet.

— Que Dieu et la Vierge vous conservent leurs bonnes grâces !... répondit humblement le torçonnier en reconduisant le roi.

Après une si longue amitié, ces deux hommes trouvaient entre eux une barrière élevée par la défiance et par l'argent, lorsqu'ils s'étaient toujours entendus en fait d'argent et défiance ; mais ils se connaissaient si bien, ils avaient tous deux une telle habitude l'un de l'autre, que le roi devait deviner, par l'accent dont Cornélius prononça l'imprudent — *Quand il vous plaira, sire !*.... la répugnance que sa visite causerait désormais à l'argentier ; comme celui-ci reconnut une déclaration de guerre dans — l'*Adieu, mon compère!*.... dit par le roi.

Aussi, Louis XI et son torçonnier se quittèrent-ils bien embarrassés de la conduite qu'ils devaient tenir l'un envers l'autre.

Le monarque possédait bien le secret du Brabançon; mais celui-ci pouvait aussi par ses relations assurer le succès de la plus belle conquête que jamais roi de France ait pu faire, celle des domaines appartenant à la maison de Bourgogne, et qui excitaient alors l'envie de tous les souverains de l'Europe. Le mariage de la célèbre Marguerite dépendait des gens de Gand et des Flamands, qui l'entouraient. L'or et l'influence de Cornélius devaient puissamment servir les négociations entamées par Desquerdes, le général auquel Louis XI avait confié le commandement de l'armée campée sur la frontière de Belgique. Ces deux maîtres renards étaient donc comme deux duellistes dont le hasard aurait neutralisé les forces.

Aussi, soit que depuis cette matinée la santé de Louis XI eût empiré, soit que Cornélius eût contribué à faire venir en France Marguerite de Bourgogne, qui arriva effectivement à Amboise, au mois de juillet de l'année 1438, pour épouser le dauphin, auquel elle fut fiancée dans la chapelle du château, le roi ne leva point d'amende sur son argentier, aucune procédure n'eut lieu, et ils restèrent l'un et l'autre dans les demi-mesures d'une amitié armée.

Heureusement pour le torçonnier, le bruit se répandit à Tours que sa sœur était l'auteur des vols, et qu'elle avait été secrètement mise à mort par Tristan. Autrement, si la véritable histoire y eût été connue, la ville entière se serait ameutée pour détruire la Malemaison avant qu'il eût été possible au roi de la défendre. Mais si toutes ces présomptions historiques ont quelque fondement relativement à l'inaction dans laquelle resta Louis XI, il n'en fut pas de même chez maître Cornélius Hoogworst.

Le torçonnier passa les premiers jours qui suivirent cette fatale matinée dans une occupation continuelle. Semblable aux animaux carnassiers enfermés dans une cage, il allait et venait, flairant l'or à tous les coins de sa maison dont il étudiait les crevasses et consultait les murs, redemandant son trésor aux arbres du jardin, aux fondations et aux toits des tourelles, à la terre et au ciel. Souvent il demeurait pendant des heures entières debout, jetant ses yeux sur tout à la fois, les plongeant dans le vide; et sollicitant les pouvoirs de l'extase et la puissance des sorciers, il tâchait de voir ses richesses à travers les espaces et les obstacles. Il était constamment perdu dans une pensée accablante, dévoré par un désir qui lui brûlait les entrailles, mais rongé plus grièvement encore par les angoisses renaissantes du duel qu'il avait avec lui-même, depuis que sa passion pour l'or s'était tournée contre elle-même; espèce de suicide inachevé qui comprenait toutes les douleurs de la vie et celles de la mort. Jamais le vice ne s'était mieux étreint lui-même; car l'avare s'enfermant par imprudence dans le cachot souterrain où gît son or, a, comme Sardanapale, la jouissance de mourir au sein de sa fortune. Mais Cornélius, tout à la fois le voleur et le volé, n'ayant le secret ni de l'un ni de l'autre, possédait et ne possédait pas ses trésors : torture toute nouvelle, toute bizarre, mais continuellement terrible.

Quelquefois, devenu presque oublieux, il laissait ouvertes les petites grilles de sa porte, et alors les passans pouvaient voir cet homme déjà desséché, planté sur ses deux jambes au milieu de son jardin inculte, y restant dans une immobilité complète, et jetant à ceux qui l'examinaient un regard fixe, dont la lueur insupportable les glaçait d'effroi.

Si, par hasard, il allait dans les rues de Tours, vous eussiez dit un étranger ; il ne savait jamais où il était, ni s'il faisait soleil ou clair de lune. Souvent il demandait son chemin aux gens qui passaient, en se croyant à Gand, et semblait toujours en quête de son bien perdu.

L'idée la plus vivace et la mieux matérialisée de toutes les idées humaines, l'idée par laquelle l'homme se représente lui-même en créant en dehors de lui cet être tout fictif, nommé *la propriété*, ce démon moral lui enfonçait à chaque instant ses griffes acérées dans le cœur. Puis, au milieu de ce supplice, la Peur se dressait avec tous les sentimens qui lui servent de cortége. En effet, deux hommes avaient son secret, ce secret qu'il ne connaissait pas lui-même !.... Louis XI ou Coyctier pouvaient aposter des gens pour surveiller ses démarches pendant son sommeil, et deviner l'abîme ignoré dans lequel il avait jeté ses richesses au milieu du sang de tant d'innocens; car auprès de ses craintes veillait aussi le remords.

Pour ne pas se laisser enlever, de son vivant, son trésor inconnu, il prit, pendant les premiers jours qui suivirent son désastre, les précautions les plus sévères contre son sommeil. Puis ses relations commerciales lui permirent de se procurer les anti-narcotiques les plus puissans. Ses veilles durent être affreuses; il était seul aux prises avec la nuit, le silence, le remords, la peur, avec toutes les pensées que l'homme a le mieux personnifiées, instinctivement peut-être, obéissant ainsi à une vérité morale encore dénuée de preuves sensibles.

Enfin, cet homme si puissant, ce cœur endurci par la vie politique et la vie commerciale, ce génie obscur dans l'histoire, dut succomber aux horreurs du supplice qu'il s'était créé. Tué par quelques pensées plus aiguës que toutes celles auxquelles il avait résisté jusqu'alors, il se coupa la gorge avec un rasoir.

Cette mort coïncida presque avec celle de

Louis XI, en sorte que la Malemaison fut entièrement pillée par le peuple. Quelques anciens du pays de Touraine ont prétendu qu'un gentilhomme, nommé Bohier, trouva le trésor du torçonnier, et s'en servit pour commencer les constructions de Chenonceaux, dont il acheta la seigneurie, château merveilleux qui, malgré les richesses de plusieurs rois, le goût de Diane de Poitiers et celui de sa rivale Catherine de Médicis pour les bâtimens, reste encore inachevé.

Le sire de Saint-Vallier, heureusement pour Marie de Sassenages, mourut, comme on sait, dans son ambassade; mais sa maison ne s'éteignit pas. La comtesse eut, après le départ du comte, un fils dont la destinée est fameuse dans notre histoire de France, sous le règne de François Ier. Il fut sauvé par sa fille, la célèbre Diane de Poitiers, l'arrière-petite-fille illégitime de Louis XI, laquelle devint l'épouse illégitime, la maîtresse bien-aimée de Henri II; en sorte que la bâtardise et l'amour furent héréditaires dans cette noble famille !

Madame Firmiani.

Beaucoup de récits, riches de situations ou rendus dramatiques par les innombrables jets du hasard, emportent avec eux leurs propres artifices, et peuvent être racontés simplement ou artistement par toutes les lèvres sans que le sujet perde même la plus légère de ses beautés; mais il est quelques aventures de la vie humaine auxquelles les accens du cœur seuls rendent la vie ; mais il est certains détails, pour ainsi dire anatomiques, dont les fibres déliées ne reparaissent, dans une action éteinte, que sous les infusions les plus habiles de la pensée ; puis, il est des portraits qui veulent une âme et qui ne sont rien sans les traits les plus délicats de leur physionomie mobile ; enfin, il y a de ces choses que nous ne savons dire ou faire sans je ne sais quelles harmonies inconnues, et auxquelles il faut un jour, une heure, une conjonction heureuse dans les signes célestes, ou de secrètes prédispositions morales.

Or, ces sortes de révélations mystérieuses étaient impérieusement exigées pour dire cette histoire simple à laquelle l'auteur voudrait pouvoir intéresser quelques unes de ces âmes naturellement mélancoliques et songeuses qui se nourrissent d'émotions douces ; mais si l'écrivain, semblable à un chirurgien près d'un ami mourant, s'est pénétré d'une espèce de respect pour le sujet qu'il maniait, le lecteur doit également partager ce sentiment inexplicable, être initié à cette vague et nerveuse tristesse qui, n'ayant point d'aliment, répand des teintes grises autour de nous, demi-maladie dont nous aimons presque les molles souffrances.

Si vous pensez, par hasard, aux personnes chères que vous avez perdues, si vous êtes seul, s'il est nuit ou si le jour tombe, poursuivez la lecture de cette histoire... autrement, vous jetteriez le livre à la première page. Si vous n'avez pas déjà enseveli quelque bonne tante infirme ou sans fortune, vous ne comprendrez point ces pages : aux uns, elles sembleront imprégnées de musc ; aux autres, elles paraîtront aussi décolorées, aussi vertueuses que peuvent l'être celles de Florian ; pour tout dire, il faut que vous ayez connu la volupté des larmes, la douleur muette d'un souvenir qui passe légèrement, chargé d'une ombre chère, mais d'une ombre lointaine, un de ces souvenirs qui vous font tout à la fois regretter ce que vous a dévoré la terre, et sourire d'un bonheur évanoui.

Maintenant, croyez que pour les richesses de l'Angleterre, l'auteur ne voudrait pas extorquer à la poésie un seul de ses mensonges pour embellir sa narration. Ceci est une histoire vraie et pour laquelle vous pouvez verser les trésors de votre sensibilité, si vous en avez.

Aujourd'hui, notre langue a autant d'idiomes qu'il existe de *variétés* d'hommes dans la grande famille française; et c'est vraiment chose curieuse et agréable que d'écouter les différentes versions données sur une même chose, un même événement, un même mot, par chacune des *espèces* qui composent la monographie du Parisien; le Parisien étant pris pour généraliser la thèse.

Ainsi, vous eussiez demandé à un sujet appartenant au genre des *positifs* :

— Connaissez-vous *madame Firmiani ?....*

Cet homme vous eût traduit madame Firmiani par l'inventaire suivant :

— Un grand hôtel situé rue du Bac; des salons bien meublés; de beaux tableaux; cent bonnes mille livres de rente; et un mari, jadis receveur-général dans le département de Montenotte...

Ayant dit, *le positif*, homme gros et rond, presque toujours vêtu de noir, fait une petite grimace de satisfaction, relève sa lèvre inférieure en la fronçant de manière à couvrir la supérieure, et hoche la tête comme s'il ajoutait : — Voilà des gens solides..... et sur lesquels il n'y a rien à dire.

Ne lui demandez rien de plus : les positifs expliquent tout par des chiffres, par des rentes ou par *les biens au soleil* (mot de leur lexique).

Tournez à droite, allez interroger cet autre qui appartient au genre des *flaneurs* : répétez-lui votre question !

— Madame Firmiani !.... dit-il, oui, oui ! je la connais bien ; je vais à ses soirées !..... Elle reçoit le *mercredi* ; c'est une maison fort honorable.....

Madame Firmiani se métamorphose en maison. Cette maison n'est plus un amas de pierres superposées architectoniquement ; non, ce mot est, dans la langue des flaneurs, un idiotisme intraduisible.

— Mais.....

Ici, le flaneur, homme sec, à sourire agréable, disant de jolis riens, ayant toujours plus d'esprit acquis que d'esprit naturel, se penche à votre oreille, et, d'un air fin, vous dit :

— Je n'ai jamais vu M. Firmiani..... Sa position sociale consiste à gérer des biens en Italie ; madame Firmiani est Française, et dépense ses revenus en Parisienne. Elle a d'excellent thé !..... C'est une des maisons, aujourd'hui si rares, où l'on s'amuse, et où ce que l'on vous donne est exquis. Au reste, il est fort difficile d'être admis chez elle. Aussi la meilleure société se trouve-t-elle dans ses salons!

Puis, le flaneur commente ce dernier mot par une prise de tabac saisie gravement; et, en se garnissant le nez à petits coups, il semble vous dire :

— Je vais dans cette maison, mais ne comptez pas sur moi pour vous y présenter.

Madame Firmiani tient pour les *flaneurs* une espèce d'auberge sans enseigne.

— Que veux-tu donc aller faire chez madame Firmiani? mais l'on s'y ennuie autant qu'à la cour. A quoi sert d'avoir de l'esprit, si ce n'est à éviter des salons où, par la poésie qui court, on lit la plus petite ballade fraîche éclose ?

Vous avez questionné l'un de vos amis classé parmi les *personnels*, gens qui voudraient tenir l'univers sous clef et n'y rien laisser faire sans leur permission. Ils sont malheureux de tout le bonheur des autres, ne pardonnent qu'aux vices, aux chutes, aux infirmités, et ne veulent que des protégés. Aristocrates par inclination, ils se font républicains par dépit, afin d'avoir beaucoup d'inférieurs parmi leurs égaux.

— Oh! madame Firmiani, mon cher..... C'est une de ces femmes adorables qui servent d'excuse à la nature pour toutes les laides qu'elle a créées par erreur; elle est ravissante! elle est bonne! Je ne voudrais être au pouvoir, devenir roi, posséder des millions, que pour (*ici trois mots dits à l'oreille*). Veux-tu que je t'y présente?.....

Ce jeune homme est du genre *lycéen*.

— Madame Firmiani! s'écrie un autre en faisant tourner sa canne sur elle-même, je vais te dire ce que j'en pense : c'est une femme entre trente et trente-cinq ans, figure passée, beaux yeux, taille plate, voix de contralto usée, beaucoup de toilette, un peu de rouge, charmantes manières; ce sont les restes d'une jolie femme. Cependant elle vaut encore la peine d'une passion.....

Cette sentence est due à un sujet du genre *fat*. Il vient de déjeuner, ne pèse plus ses paroles, et va monter à cheval. En ces momens-là les *fats* sont impitoyables.

— Il y a chez elle une galerie de tableaux magnifiques!..... allez la voir!.... Rien n'est aussi beau!....

Vous vous étiez adressé au genre *amateur*. L'individu vous quitte pour aller chez Pérignon. Pour lui, madame Firmiani est une collection de toiles peintes.

UNE FEMME. — Madame Firmiani!.... je ne veux pas que vous alliez chez elle!....

Cette phrase est la plus riche des traductions!

Madame Firmiani!.... femme dangereuse! syrène! elle se met bien! elle a du goût! elle cause des insomnies à toutes les femmes.

L'interlocutrice appartient au genre des *tracassiers*.....

UN ATTACHÉ D'AMBASSADE. — Madame Firmiani!.... N'est-elle pas d'Anvers? J'ai vu cette femme-là bien belle il y a dix ans..... Elle était alors à Rome.....

Les sujets appartenant à la classe des *atta-*

chés ont la manie de dire des *mots à la Talleyrand*. Leur esprit est souvent si fin, que leurs aperçus sont imperceptibles. Ils ressemblent aux joueurs de billard, qui évitent les billes avec une adresse infinie. Ces individus sont généralement peu parleurs ; mais quand ils parlent, ils ne s'occupent que de l'Espagne, de Vienne, de l'Italie ou de Pétersbourg. Les noms de pays sont chez eux comme des ressorts : pressez-les, la sonnerie vous dira tous ses airs !....

— Cette madame Firmiani ne voit-elle pas beaucoup le faubourg Saint-Germain?....

Ceci est dit par une personne qui veut appartenir au genre *distingué*. Elle donne le *de* à tout le monde, à M. Dupin l'aîné, à M. Lafayette, elle le jette à tort et à travers, elle en déshonore les gens. Elle passe sa vie à s'inquiéter de ce qui est *bien*; mais, pour son supplice, elle demeure au Marais, et son mari a été avoué, mais avoué à la Cour royale.....

— Madame Firmiani, monsieur? je ne la connais pas !

Cet homme appartient au genre des *ducs*.

Il n'avoue que les femmes présentées ; mais, excusez-le, il est duc par le fait de Napoléon.

— Madame Firmiani ?... N'est-ce pas une ancienne *actrice des Italiens ?*

Homme du genre *niais*. Les individus de cette classe veulent avoir réponse à tout.

Deux vieilles dames (*femmes d'anciens magistrats*).

La première. — (Elle a un bonnet à coques ; sa figure est ridée ; son nez est pointu ; elle tient un Paroissien ; voix dure :)

— *Qu'est-elle en son nom*..... cette madame Firmiani ?....

La seconde. — (Petite figure rouge, ressemblant à une vieille pomme d'api ; voix douce :)

— Une Carignan !....

Madame Firmiani est une Carignan ; elle n'aurait ni vertus, ni fortune, ni jeunesse, ce serait toujours une Carignan. Une Carignan, c'est comme un préjugé, toujours riche et vivant.

Un original. — Mon cher, je n'ai jamais

vu de socques dans son antichambre; tu peux aller chez elle sans te compromettre et y jouer sans crainte, parce que, s'il y a des fripons, ils sont gens de qualité; partant, on ne s'y querelle pas.

Vieillard, appartenant au genre des observateurs. — Vous irez chez madame Firmiani, vous trouverez, mon cher, une belle femme nonchalamment assise au coin de sa cheminée; à peine se lèvera-t-elle de son fauteuil. Elle est fort gracieuse; elle charme; elle cause bien et veut causer de tout; il y a chez elle tous les indices de la passion, mais *on* lui donne trop d'amans pour qu'elle en ait un; et si les soupçons ne planaient que sur deux ou trois de ses intimes, *nous* saurions quel est son *cavalier servant;* mais c'est une femme toute mystérieuse; elle est mariée, et jamais *nous* n'avons vu son mari. M. Firmiani est un personnage tout-à-fait fantastique; il ressemble à ce troisième cheval que l'on paie toujours en courant la poste, et qu'on n'aperçoit jamais. Madame, à entendre les artistes, est le premier contralto d'Europe; néanmoins, elle n'a pas chanté trois fois depuis qu'elle est à Paris; elle reçoit beaucoup de monde, et ne va chez personne.....

L'*observateur* parle en prophète. Il faut accepter ses paroles, ses anecdotes, ses citations, comme des vérités, sous peine de passer pour un homme sans instruction, sans moyens. Il vous calomniera gaîment dans vingt salons où il est essentiel comme une première pièce sur l'affiche, ces pièces si souvent jouées pour les banquettes, et qui ont eu du succès autrefois. L'*observateur* a quarante ans, ne dîne jamais chez lui, se dit peu dangereux près des femmes; il est poudré, porte un habit marron, a toujours une place dans plusieurs loges aux Bouffons; il est quelquefois confondu parmi les parasites, mais il a rempli de trop hautes fonctions pour être soupçonné d'être un *pique-assiette,* et possède d'ailleurs une terre dans un département dont le nom ne lui est jamais échappé.

— Madame Firmiani?.... Mais, mon cher, c'est une ancienne maîtresse de Murat!....

Celui-ci est dans la classe des *contradicteurs*. Ces sortes de gens font les *errata* de tous les mémoires, rectifient tous les faits, parient toujours cent contre un, sont sûrs de tout; et dans la même soirée, vous les surprenez en flagrant délit d'ubiquité. Ils disent avoir été arrêtés à Paris lors de la conspiration Mallet, oubliant qu'ils ont, une demi-heure auparavant, assisté au passage de la Bérésina...... Presque tous les *contradicteurs* sont chevaliers de la Légion-d'Honneur, parlent très-haut, ont un front fuyant, et jouent gros jeu.

— Madame Firmiani, cent mille livres de rentes!... Êtes-vous fou? Vraiment, il y a des gens qui vous donnent des cent mille livres de rentes avec la libéralité des auteurs, auxquels cela ne coûte rien quand ils dotent leurs héroïnes..... Mais madame Firmiani est une coquette..... elle a ruiné dernièrement un jeune homme, et l'a empêché de faire un très beau mariage. Si elle n'était pas belle, elle serait sans un sou.....

Oh! celui-ci vous le reconnaissez. Il est du genre des *envieux*, et nous n'en dessinerons pas le moindre trait..... L'espèce en est aussi connue que peut l'être celle des *felis* domestiques; les envieux ne sont pas plus rares dans le monde que les pariétaires sur les murs.......

Mais les *gens* du monde, les *gens* de lettres, les honnêtes *gens*, et les *gens* de tout genre, répandaient, au mois de janvier 1825, tant d'opinions différentes sur madame Firmiani, qu'il serait fastidieux de les consigner toutes ici..... Nous avons seulement voulu constater qu'un homme intéressé à la connaître, sans aller chez elle, aurait eu raison de la croire également veuve ou mariée, sotte ou spirituelle, vertueuse ou sans mœurs, riche ou pauvre, sensible ou sans âme, belle ou laide; et bref, il y avait autant de madames Firmiani que de *classes* dans la société, que de sectes dans le catholicisme. Effrayante pensée!.... Nous sommes tous comme des planches lithographiques dont la médisance tire une infinité de copies ; or, ces épreuves ressemblent au modèle ou en diffèrent par des nuances tellement imperceptibles, que la réputation dépend, sauf les calomnies de nos amis et les bons mots d'un journal, de la balance faite par chacun entre le vrai qui va boitant et les vérités qui courent.

Madame Firmiani, semblable à beaucoup de femmes pleines de noblesse et de fierté, qui se font de leur cœur un sanctuaire et dédaignent le monde, aurait pu être très mal jugée par M. le comte de Valesnes, vieux propriétaire occupé d'elle, au commencement de l'année 1825; mais, par hasard, ce propriétaire appartenait à la classe des *planteurs,* gens habitués à se rendre compte de tout, et à faire des marchés avec les paysans. Or, à ce métier, un homme devient perspicace malgré lui, comme un soldat contracte à la longue un courage de routine.

Ce curieux, venu de Touraine, et que les idiomes parisiens ne satisfaisaient point, était un gentilhomme très honorable, qui jouissait, pour seul et unique héritier, d'un neveu dont il raffolait, et pour lequel il plantait ses peupliers.... Cette amitié ultra-naturelle motivait bien des médisances que les sujets appartenant aux diverses espèces du *Tourangeau* formulaient très spirituellement; mais il est inutile de les rapporter, car elles pâliraient auprès des médisances parisiennes. Or, quand on peut penser à son héritier, sans déplaisir, en voyant tous les jours de belles rangées de peupliers s'embellir, l'affection s'accroît de chaque coup de bêche qu'on donne au pied des arbres; c'est un phénomène de sensibilité peu commun; mais il se rencontre encore en Touraine.

Ce neveu chéri se nommait Jules de Camps, et descendait du fameux abbé de Camps, si connu des bibliophiles ou des savans, ce qui n'est pas la même chose.

Les gens de province ont la mauvaise habitude de frapper d'une espèce de réprobation décente les jeunes gens qui vendent leurs héritages; ce préjugé gothique nuit à l'agiotage que, jusqu'à présent, le gouvernement encourage par une *quasi-tolérance*. Or Jules de Camps, sans consulter son oncle, avait, à l'improviste, disposé d'une terre en faveur de la bande noire, et le château de Villaines eût été démoli sans les propositions que le vieil oncle avait faites aux représentans de la compagnie du marteau. Pour augmenter la colère du testateur, un ami de Jules, parent éloigné, un de ces gens habiles dont les capacités départementales disent : — Je ne voudrais pas avoir de procès avec lui!... était venu, par hasard, chez M. de Valesnes, et lui avait appris, par hasard, la ruine de son neveu...

M. Jules de Camps, après avoir dissipé sa

fortune pour une madame Firmiani, s'était vu réduit à se faire répétiteur de mathématiques, en attendant l'héritage de son oncle, auquel il n'osait venir avouer ses fautes.

Cet arrière-cousin, espèce de Charles Moor, n'avait pas eu honte de donner ces fatales nouvelles à M. de Valesnes au moment où le vieux campagnard digérait devant son large foyer un copieux dîner de province !.....

Mais il n'est pas aussi facile de venir à bout d'un oncle que les héritiers le voudraient, et celui-ci, grâce à son entêtement, car il refusait de croire en l'arrière-cousin, sortit vainqueur de l'indigestion causée par la biographie de son neveu.... Il y a des coups qui portent sur le cœur, d'autres sur la tête ; le coup porté par l'arrière-cousin tomba sur les entrailles et produisit peu d'effet, parce que le bonhomme avait un excellent estomac.....

En vrai disciple de saint Thomas, M. de Valesnes vint à Paris, à l'insu de Jules, et voulut prendre des renseignemens sur la déconfiture de son héritier. Le vieux gentilhomme, qui avait des relations dans le faubourg Saint-Germain, entendit en deux jours tant de médisances, de vérités, de faussetés, sur madame Firmiani, qu'il résolut de se faire présenter chez elle sous le nom de M. de Rouxellay, son nom patronimique.

Le prudent vieillard avait eu soin de choisir, pour venir étudier la prétendue maîtresse de Jules, une soirée pendant laquelle il le savait occupé d'achever un travail chèrement payé ; car l'amant de madame Firmiani était toujours reçu chez elle, circonstance que personne ne pouvait expliquer ; quant à la ruine de Jules, ce n'était malheureusement pas une fable.

M. le comte de Rouxellay de Valesnes ne ressemblait point à un oncle du Gymnase ; c'était un ancien mousquetaire, un homme de haute compagnie qui avait eu jadis des bonnes fortunes ; et, quoiqu'il aimât les Bourbons avec une noble franchise, qu'il crût en Dieu comme y croient les gentilshommes, qu'il lût *la Quotidienne*, il savait se présenter courtoisement, se souvenait des manières polies d'autrefois, disait des mots gracieux, comprenait presque toute la Charte ; et, sauf un peu de rouille, il pouvait tenir sa place près des gens de cour, pourvu qu'on ne lui parlât point de *Mosè*, du drame, de romantisme, de couleur locale, de chemins de fer, car il en était resté à M. de Voltaire, à Buffon, à Perronnet et au chevalier de Gluck.

— Madame, dit-il à la comtesse de Frontenac, à laquelle il donnait le bras en entrant chez madame Firmiani, si cette femme est la maîtresse de mon neveu, je le plains!..... Comment peut-elle vivre au sein du luxe en le sachant dans un grenier!.... Elle n'a pas d'âme. Jules est un fou d'avoir placé le prix de la terre de Villaines dans le cœur d'une....

Le comte, appartenant au genre *fossile*, ne connaissait que le langage du vieux temps.

— Mais s'il l'avait perdue au jeu?...

— Eh! madame, au moins il aurait eu le plaisir de jouer.

— Vous croyez donc qu'il n'a pas eu de plaisir... Tenez, voyez madame Firmiani...

Les plus beaux souvenirs du vieil oncle pâlirent à l'aspect de la maîtresse de son neveu. Sa colère expira dans une phrase toute gracieuse qui lui fut arrachée à l'aspect de madame Firmiani. Elle était, par un de ces hasards qui n'arrivent qu'aux jolies femmes, dans un moment où toutes ses beautés brillaient d'un éclat particulier, dû peut-être à la lueur des bougies, à une toilette admirablement simple, à je ne sais quel reflet du luxe élégant qui l'environnait. Il faut avoir étudié toutes les petites révolutions d'une soirée dans un salon de Paris pour apprécier les nuances imperceptibles qui peuvent colorer un visage de femme et le changer.

Il est un moment où, contente de sa parure, où se trouvant spirituelle, heureuse d'être admirée, se voyant la reine d'un salon plein d'hommes remarquables qui lui sourient, elle a la conscience de sa beauté, de sa grâce; alors, elle s'embellit de tous les regards qu'elle recueille et qui l'animent, mais dont elle sacrifie les muets hommages à son bien-aimé. En ce moment, une femme est comme investie d'un pouvoir surnaturel; c'est une magicienne; coquette à son insu, elle inspire involontairement l'amour dont elle s'enivre en secret; elle a des sourires, des regards qui fascinent; et si cet éclat, venu de l'âme, donne de l'attrait même aux laides, de quelle splendeur ne revêt-il pas une femme nativement élégante, aux formes distinguées, blanche, fraîche, aux yeux vifs, et surtout mise avec un goût avoué des artistes et de ses rivales.

Avez-vous, pour votre bonheur, rencontré quelque personne dont la voix harmonieuse imprime à la parole un charme également répandu dans ses manières; qui sait et parler et se taire; s'occuper de vous avec délicatesse; dont les mots sont heureusement choisis, le langage pur ; sa raillerie caresse et sa critique ne blesse point; elle ne disserte pas plus qu'elle ne dispute, elle se plaît à conduire une discussion, et l'arrête à propos; son air est affable et riant; sa politesse n'a rien de forcé, son empressement n'est pas servile; elle réduit le respect à n'être plus qu'une ombre douce; elle ne vous fatigue jamais, et vous laisse satisfait d'elle et de vous; sa bonne grâce, vous la retrouvez empreinte dans les choses dont elle s'environne; chez elle, tout flatte la vue, et vous y respirez comme l'air d'une patrie. Cette femme est naturelle; en elle, jamais d'effort, elle n'affiche rien; ses sentimens sont simplement rendus, parce qu'ils sont vrais; elle est franche, et sait n'offenser aucun amour-propre; elle accepte les hommes comme Dieu les a faits, plaignant les gens vicieux, pardonnant aux défauts et aux ridicules, concevant tous les âges, et ne s'irritant de rien, parce qu'elle a le tact de tout prévoir. Elle oblige avant de consoler; elle est tendre et gaie; vous l'aimez irrésistiblement, et si cet ange fait une faute, vous vous sentez prêt à la justifier... Telle était madame Firmiani.

Lorsque M. de Valesnes eut causé pendant un quart d'heure avec cette femme, assis près d'elle, son neveu fut absous, et il comprit que, fausses ou vraies, les liaisons de Jules et de madame Firmiani cachaient sans doute quelque mystère. Revenant aux illusions qui dorent les premiers jours de notre jeunesse, et jugeant du cœur de madame Firmiani par sa beauté, il pensa qu'une femme aussi pénétrée de sa dignité qu'elle paraissait l'être était incapable d'une mauvaise action. Il y avait tant de calme dans ses yeux noirs; les lignes de son visage étaient si nobles, les contours si purs, et la passion dont on l'accusait semblait lui peser si peu sur le cœur, que le comte admirant toutes les promesses faites à l'amour et à la vertu par cette adorable physionomie, se dit :

— Mon neveu aura commis quelque sottise!...

Madame Firmiani avouait vingt-cinq ans;

mais les *positifs* prouvaient que, mariée en
1813, à l'âge de seize ans, elle devait avoir
au moins vingt-huit ans en 1825; néanmoins,
les mêmes gens assuraient aussi, qu'à aucune
époque de sa vie, elle n'avait été si désirable,
si complétement femme. Elle était sans enfans, et n'en avait point eu. Le problématique
M. Firmiani, quadragénaire déjà très respec-
table en 1813, ne lui avait, disait-on, offert
que son nom et sa fortune. Madame Firmiani
atteignait donc l'âge où la Parisienne conçoit
le mieux une passion et la désire peut-être
innocemment à ses heures perdues. Elle avait
acquis tout ce que le monde vend, tout ce qu'il
prête, tout ce qu'il donne. Les *attachés* d'ambassade prétendaient qu'elle n'ignorait rien;
les *contradicteurs* prétendaient qu'elle pouvait
encore apprendre beaucoup de choses; les *observateurs* lui trouvaient les mains bien blanches, le pied bien mignon, les mouvemens un
peu trop onduleux; mais les individus de tous
les *genres* enviaient ou contestaient le bonheur
de Jules, en convenant que madame Firmiani
était la femme le plus aristocratiquement belle
de tout Paris. Jeune encore, riche, musicienne
parfaite, spirituelle, délicate, reçue, en sou-

venir des Carignan, auxquels elle appartenait par sa mère, chez madame la duchesse de....., oracle du noble faubourg, elle flattait toutes les vanités qui alimentent et qui excitent l'amour. Elle était désirée par trop de gens pour n'être pas victime de l'élégante médisance parisienne, et des ravissantes calomnies qui se débitent si spirituellement sous l'éventail ou dans les *à parte;* aussi les observations par lesquelles cette histoire commence étaient nécessaires pour faire connaître la Firmiani du monde. Si quelques femmes lui pardonnaient son bonheur, d'autres ne lui faisaient pas grâce de sa décence; et rien n'est plus terrible, surtout à Paris, que des soupçons sans fondement : il est impossible de les détruire.

Cette esquisse d'une figure admirable de naturel n'en donnera jamais qu'une faible idée. Il faudrait le pinceau de Gérard pour rendre la fierté du front, la profusion des cheveux, la majesté du regard, toutes les pensées que faisaient supposer les couleurs particulières du teint; il y avait tout dans cette femme; les poètes pouvaient en faire à la fois Jeanne d'Arc ou Agnès Sorel; mais il y avait aussi la femme inconnue, l'âme cachée sous cette enveloppe décevante, l'âme d'Ève, les richesses du mal et les trésors du bien, la faute et la résignation, le crime et le dévouement, Dona Julia et Haïdée de *Don Juan*.

L'ancien mousquetaire demeura fort impertinemment le dernier dans le salon de madame Firmiani, qui le trouva tranquillement assis dans un fauteuil restant devant elle avec l'importunité d'une mouche qu'il faut tuer pour s'en débarrasser. La pendule marquait deux heures après minuit.

— Madame, dit le vieux gentilhomme au moment où madame Firmiani se leva en espérant faire comprendre à son hôte que son bon plaisir était qu'il partît; madame, je suis l'oncle de M. Jules de Camps.....

Madame Firmiani s'assit promptement. Elle était émue. Mais, malgré sa perspicacité, le planteur de peupliers ne devina pas si elle pâlissait et rougissait de honte ou de plaisir; souvent il y a des plaisirs qui ne vont pas sans un peu de pudeur effarouchée, délicieuses émotions que le cœur le plus chaste voudrait toujours voiler; plus une femme est délicate et plus elle veut cacher les joies de son âme; et beaucoup de femmes, inconcevables dans leurs divins caprices, souhaitent souvent entendre prononcer par tout le monde un nom que, parfois, elles désireraient ensevelir dans leur cœur.

M. de Rouxellay n'interpréta pas tout-à-fait ainsi le trouble de madame Firmiani ; mais le campagnard était défiant.

— Eh bien, monsieur? lui dit madame Firmiani, en lui jetant un de ces regards lucides et clairs où, nous autres hommes, nous ne pouvons jamais rien voir parce qu'ils nous interrogent un peu trop.

— Eh bien, madame, reprit le gentilhomme, savez-vous ce qu'on est venu me dire, à moi, au fond de ma province?.... Mon neveu vous aime, il s'est ruiné pour vous!... Le malheureux est dans un grenier tandis que vous êtes ici!... Vous me pardonnerez ma rustique franchise, car il est peut-être très utile que vous soyez instruite des calomnies que.....

— Arrêtez, monsieur, dit madame Firmiani en interrompant le gentilhomme par un geste impératif, je sais tout cela! Vous êtes trop poli pour laisser la conversation sur ce sujet lorsque je vous aurai prié de le quitter. — Vous êtes trop galant (dans l'ancienne acception du mot, ajouta-t-elle en donnant un léger accent d'ironie à ses paroles) pour ne pas reconnaître que vous n'avez aucun droit de me questionner; qu'il serait ridicule à moi de me justifier; et j'espère que vous aurez une assez bonne opinion de mon caractère pour croire au profond mépris que l'argent m'inspire. J'ignore si monsieur votre neveu est riche ou pauvre; si je l'ai reçu, si je le reçois, je le regarde comme digne d'être au milieu de mes amis; et tous ont du respect les uns pour les autres; ils savent que je n'ai pas la philosophie de voir les gens que je n'estime point : c'est manquer de charité peut-être; mais mon ange gardien m'a maintenue jusqu'aujourd'hui dans une aversion profonde des caquets et de l'improbité.....

Le timbre de la voix était légèrement altéré pendant les premières phrases de cette réplique; mais les derniers mots furent dits par madame Firmiani avec l'aplomb de Célimène raillant le Misantrope.

— Madame, reprit le comte d'une voix émue, je suis un vieillard, je suis le père de Jules; je vous demande donc, par avance, le plus humble des pardons pour la seule question que je vais avoir la hardiesse de vous adresser; et je vous donne ma parole de loyal gentilhomme que votre réponse mourra là.....

Il mit la main sur son cœur avec un mouvement véritablement religieux.

— Aimez-vous Jules?..... La médisance a-t-elle raison?.....

— Monsieur, dit-elle, à tout autre je ne répondrais que par un regard; mais à vous, et parce que vous êtes le père de *M. de Camps*, je vous demanderai ce que vous penseriez d'une femme si, à votre question, elle disait: *Oui?* — Avouer son amour à celui que nous aimons.... quand il nous aime.... bien.... quand nous sommes certaines d'être aimées... croyez-moi, monsieur, c'est un effort... une récompense, un bonheur... mais à un autre!...

Elle n'acheva pas; elle se leva, salua le bonhomme et disparut dans ses appartemens, dont elle ouvrit et ferma successivement toutes les portes.

— Ah! peste!.... dit le vieillard, quelle femme!.... c'est une rusée commère, ou un ange!....

Et il gagna sa voiture de remise dont les

chevaux donnaient de temps en temps des coups de pied au pavé de la cour silencieuse. Le cocher dormait, après avoir cent fois maudit sa pratique.

Le lendemain matin, vers huit heures, le vieux gentilhomme montait l'escalier d'une maison située rue de l'Observance, où demeurait Jules de Camps; et, s'il y eut au monde un homme étonné, ce fut, certes, le jeune professeur, quand il vit son oncle. La clef était sur la porte, la lampe de Jules brûlait encore; il avait passé la nuit.

— Monsieur le drôle, dit M. de Valesnes, en s'asseyant sur un fauteuil, depuis quand se rit-on (style chaste) des oncles qui ont seize mille livres de rentes en bonnes terres de Touraine, et dont on est le seul héritier?... Savez-vous que, jadis, nous respections ces parens-là!.... Voyons, as-tu quelques reproches à m'adresser? Ai-je mal fait mon métier d'oncle? t'ai-je demandé du respect, t'ai-je refusé de l'argent? t'ai-je fermé la porte au nez en prétendant que tu venais voir comment je me portais?.... N'as-tu pas l'oncle le plus commode, le moins assujettissant qu'il y ait en France, je ne dis pas en Europe, ce serait trop prétentieux?.... Tu m'écris ou tu ne m'écris pas ; je vis sur l'affection jurée, et je t'arrange la plus jolie terre du pays : je ne veux te la laisser néanmoins que le plus tard possible ; mais cette velléité n'est pas un vice, c'est une manie fort excusable ! Et monsieur vend son bien, se loge comme un laquais, et n'a plus ni gens, ni train.....

— Mon oncle!....

— Il ne s'agit pas de l'oncle, mais du neveu ; j'ai droit à ta confiance!..... Confesse-toi promptement, c'est plus facile ! je sais cela par expérience!.... As-tu joué?.... as-tu perdu à la Bourse?.... allons, dis-moi : — « Mon oncle, je suis un misérable!.... » et je t'embrasse..... Mais si tu me fais un mensonge plus gros que ceux que j'ai faits à ton âge, je vends mon bien, je le mets en viager, et je reprendrai mes mauvaises habitudes de jeunesse.....

— Mon oncle.....

— J'ai vu hier ta madame Firmiani!....

A ces mots, M. de Valesnes, voulant faire le jeune homme, baisa le bout de ses doigts qu'il ramassa en faisceau, puis il dit :

— Elle est charmante!.... tu as l'approba-

tion et le privilége du roi, de ton oncle.....
Quant à la sanction de l'église, elle est inutile...... les sacremens sont trop chers!.....
Allons!..... parle, est-ce pour elle que tu es ici..... ruiné.....

— Oui, mon oncle.

— Ah! la coquine!.... je l'aurais parié!....
De mon temps, les femmes de la cour étaient plus habiles à ruiner un homme que ne peuvent l'être vos courtisanes d'aujourd'hui; et j'ai reconnu, en elle, le siècle passé rajeuni.

— Mon oncle, reprit Jules d'un air tout à la fois triste et doux, vous vous méprenez!...
Madame Firmiani mérite votre estime et toutes les adorations de ses admirateurs.....

— La pauvre jeunesse est toujours la même!... dit M. de Valesnes. Allons, va ton train, rabâche-moi de vieilles histoires!.....
Cependant tu dois savoir que je ne suis pas d'hier dans la galanterie.....

—Mon bon oncle, voici une lettre qui vous dira tout! répondit Jules en tirant un portefeuille très élégant, donné sans doute par *elle*.
Quand vous l'aurez lue, j'achèverai de vous

instruire, et vous connaîtrez une madame Firmiani, inconnue au monde.....

— Je n'ai pas mes lunettes, dit M. de Valesnes, lis-la moi.....

Jules commença ainsi : « Mon ami chéri!... »

— Tu as donc cette femme-là ?....
— Mais, oui, mon oncle.
— Et vous n'êtes pas brouillés ?
— Brouillés! répéta Jules avec étonnement. Nous sommes mariés à Greatna-Green!
— Hé bien!..... reprit M. de Valesnes, pourquoi donc dînes-tu à quarante sous?
— Laissez-moi continuer.
— C'est juste, j'écoute....

Jules reprit la lettre, et n'en lut pas certains passages sans une émotion profonde.

« Mon époux aimé, tu m'as demandé raison de ma tristesse! A-t-elle donc passé de mon âme sur mon visage? ou l'as-tu seulement devinée? Cela se peut, nous sommes si bien unis de cœur! puis, je ne sais pas mentir, c'est un malheur : une des conditions de la femme aimée est d'être toujours de bonne humeur et caressante. Peut-être saurais-je te tromper, mais je ne le voudrais pas, même pour augmenter ou conserver le bonheur que tu me donnes, que tu me prodigues, dont tu m'accables. Oh! cher, qu'il y a de reconnaissance dans mon amour! Aussi veux-je t'aimer toujours, sans bornes..... je veux être toujours fière de toi. Notre gloire à nous, c'est notre amant.... Estime, considération, honneur, tout est à celui qui a tout pris...... Eh bien! mon ange a failli!.... Oui, cher, ta dernière confidence a terni ma félicité passée; et depuis, je me trouve humiliée en toi, — en toi, que je regardais comme le plus pur des hommes..... comme tu en es le plus aimant et le plus tendre. Il faut avoir bien confiance en ton cœur, encore enfant, pour te faire un tel aveu : il me coûte horriblement. Comment, pauvre ange, ton père a dérobé sa fortune, tu le sais, et tu la gardes!.... et tu m'as conté ce haut fait de procureur dans une chambre pleine des témoins muets de notre amour; et tu es gentilhomme, et tu te crois noble! et tu me possèdes, et tu as vingt-deux ans!.... Que de monstruosités! Je t'ai cherché des excuses. J'ai attribué ton insouciance à ta jeunesse étourdie; je sais qu'il y a beaucoup de l'enfant en toi; tu n'as peut-être pas encore pensé bien sérieusement à ce qui est fortune et probité. Oh! que ton rire m'a fait de mal! Songe donc qu'il existe une famille ruinée, toujours en larmes, des jeunes personnes, peut-être, qui te maudissent tous les jours; un vieillard qui, chaque soir, se dit : — « Je ne serais pas sans pain si le père de M. de Camps n'avait pas été un malhonnête homme!.... » car il n'y a pas de puissance au monde qui ait l'autorité de changer le langage de la probité. Retire-toi dans ta conscience, et demande-lui un mot pour nommer l'action à laquelle tu dois ton or.....

« Je ne te dirai pas toutes les pensées qui m'assiégent, parce qu'elles peuvent se réduire toutes à une seule : — Je ne puis pas estimer un homme qui se salit sciemment pour une somme d'argent quelle qu'elle soit.

« Cent sous volés au jeu, ou cent mille francs dus à une tromperie légale, déshonorent également un homme.

« Je veux tout te dire! Je me regarde comme entachée par des caresses qui naguère faisaient tout mon bonheur. Il y a au fond de mon âme une voix que mon amour ne peut pas étouffer; elle crie sans cesse; et j'ai pleuré d'avoir plus de conscience que d'amour. Tu pourrais commettre un crime, je te cacherais à la justice humaine dans mon sein, si je le pouvais; mais mon dévouement n'irait que jusque-là...... L'amour, mon maître aimé, mon ange, est, chez une femme, la confiance la plus illimitée, et je ne l'ai jamais conçu que comme un feu auquel s'épuraient encore les plus nobles sentimens, un feu qui les développait tous. Je n'ai plus qu'une seule chose à te dire : viens me voir pauvre, ou renonce à moi. Si je ne te vois plus, je sais ce qui me reste à faire. Maintenant, je ne veux pas, entends-moi bien, que tu restitues, parce que je te le conseille. Consulte bien ta conscience. Il ne faut pas que cet acte de justice soit un sacrifice fait à l'amour; car je suis ta femme, et non pas ta maîtresse : il s'agit moins de me plaire que de m'inspirer pour toi la plus profonde estime.... Si je me trompe, si tu as mal compris l'action de ton père; enfin, pour peu que tu croies ta fortune légitime...... Oh! je voudrais me persuader que tu ne mérites aucun blâme! Un homme qui aime sincèrement, et comme tu aimes, respecte trop tout ce que sa maîtresse met en lui de sainteté pour être improbe..... Je me reproche maintenant tout ce que je viens d'écrire; un mot suffisait peut-être!.... Mais j'ai été emportée par mon instinct de prêcheuse. Aussi je voudrais être grondée, pas trop fort, mais un peu; car enfin, entre nous deux, tu es le pouvoir, et tu dois seul apercevoir tes fautes. Ah! mon maître, direz-vous que je ne comprends rien aux discussions politiques?..... »

— Eh bien! mon oncle? dit Jules dont les yeux étaient pleins de larmes.

— Mais il y a encore de l'écriture...... achève donc.

— Oh! mon oncle! ce sont maintenant de ces choses qui ne doivent être lues que par un amant.....

— Bien!.... dit M. de Valesnes, bien, mon enfant! J'ai eu beaucoup de bonnes fortunes;

mais je te prie de croire que j'ai aussi aimé. *Et ego in Arcadiâ.* Mais je ne conçois pas pourquoi tu donnes des leçons de mathématiques!....

— Mon cher oncle, je suis votre neveu, c'est vous dire que j'avais bien un peu entamé le capital laissé par mon père. — Or, après avoir lu cette lettre, il s'est fait en moi toute une révolution ; j'ai payé en un moment l'arriéré de mes remords. Je ne pourrai jamais vous peindre l'état dans lequel j'étais! En conduisant mon cabriolet, une voix me criait: — Ce cheval est-il à toi?.... En mangeant, je me disais : dîner volé! J'avais honte de moi-même! Plus jeune était ma probité, plus elle était ardente. D'abord, j'ai couru chez madame Firmiani. Oh Dieu! mon oncle! ce jour-là j'ai eu des plaisirs de cœur, des voluptés d'âme qui valaient des millions.
— J'ai fait avec elle le compte de ce que je devais à cette famille inconnue ; et je me suis condamné moi-même à lui payer trois pour cent d'intérêt contre l'avis de madame Firmiani. Mais toute ma fortune ne pouvait suffire à solder la somme. Alors, nous étions l'un l'autre assez amans, assez époux, elle pour

m'offrir, moi pour accepter ses économies. Heure délicieuse!.....

— Comment!..... s'écria l'oncle, outre toutes ses vertus, elle fait des économies!.... Femme adorable!....

— Ne vous moquez pas d'elle, mon oncle.... Sa position l'oblige à bien des ménagemens. Son mari partit en 1820 pour la Grèce : il y est mort depuis trois ans; mais jusqu'à ce jour il a été impossible de savoir où il a été tué, d'avoir la preuve légale de sa mort, et de se procurer le testament qu'il a dû faire en faveur de sa femme, pièce importante qui a été prise, avec tout ce qu'il possédait, par des Albanais. Ignorant si un jour elle ne sera pas forcée de compter avec des héritiers malveillans, elle est obligée d'avoir un ordre extrême; elle veut pouvoir laisser son opulence comme Chateaubriand a quitté le ministère..... Or, je veux acquérir une fortune qui soit *mienne*, afin de donner une belle fortune à ma femme, si elle était ruinée.....

— Et tu ne m'as pas dit cela!..... tu n'es pas venu à moi!..... Oh! mon neveu, songe donc que je t'aime assez pour te payer de bonnes dettes, des dettes de gentilhomme.... Je suis un oncle à dénouement. Je me vengerai.....

— Mon oncle, je connais vos vengeances, laissez-moi m'enrichir par ma propre industrie..... Si vous voulez m'obliger, faites-moi seulement mille écus de pension jusqu'à ce que j'aie besoin de capitaux pour quelque entreprise..... Tenez, en ce moment, je suis tellement heureux, que vivre est toute mon affaire...... Ah! si vous saviez quel plaisir j'ai eu à faire ma restitution !.... Après quelques démarches, j'ai fini par trouver cette famille dépouillée, malheureuse, privée de tout. Elle était à Saint-Germain dans une misérable maison ; le vieux père tenait un bureau de loterie ; ses deux filles faisaient le ménage et tenaient les écritures ; la mère était presque toujours malade. Les deux filles sont ravissantes, mais elles ont durement appris ce que le monde estime la beauté sans fortune. Quel tableau j'ai été chercher là..... Je suis entré le complice d'un crime, je suis sorti honnête homme.

— Mon aventure est un vrai drame. Avoir

été la Providence, avoir réalisé un de ces souhaits inutiles : — s'il nous tombait du ciel vingt mille livres de rentes !..... que nous formons tous en riant ; faire succéder à un regard plein d'imprécations un regard sublime de reconnaissance, d'étonnement, d'admiration ; jeter l'opulence au milieu d'une famille réunie le soir à la lueur d'une mauvaise lampe, devant un feu de tourbe.... La parole est au-dessous d'une telle scène..... Mon extrême justice leur semblait injuste..... Enfin s'il y a un paradis, mon père doit y être heureux maintenant..... Quant à moi, je suis aimé comme aucun homme ne l'a été. Madame Firmiani m'a donné plus que le bonheur, elle m'a doué d'une délicatesse qui me manquait peut-être. Aussi je la nomme *ma chère conscience;* c'est un de mes mots d'amour ! La probité porte profit, je serai riche ; j'ai bon espoir. Je cherche en ce moment un problème d'industrie. Si je réussis à le résoudre, je gagnerai des millions.....

— O mon enfant! tu as l'âme de ta mère... dit le vieillard en retenant à peine les larmes qui humectaient ses yeux.

En ce moment, malgré la distance qu'il y

avait entre le sol et l'appartement de M. Jules de Camps, le jeune homme et son oncle entendirent le bruit fait par l'arrivée d'une voiture.

— C'est elle!..... dit-il, je reconnais les chevaux à la manière dont ils arrêtent.....

En effet, madame Firmiani ne tarda pas à se montrer. Elle poussa la porte brusquement.

— Ah! dit-elle en faisant un mouvement de dépit à l'aspect de M. Valesnes.

Mais bientôt, laissant échapper un sourire : — Notre oncle n'est pas de trop!..... reprit-elle. Je voulais m'agenouiller humblement devant mon époux, en le suppliant d'accepter ma fortune.....

— L'ambassadeur de Russie vient de m'envoyer un acte qui contaste le décès de M. Firmiani; la pièce, dressée par les soins de l'internonce d'Autriche, est bien en règle, et le testament y est joint..... Jules, vous pouvez tout accepter!.....

— Va!.... reprit-elle, les larmes au yeux, tu es plus riche que moi.... tu as là des trésors auxquels Dieu seul saurait ajouter......

Et elle frappa doucement sur le cœur de son mari.....

Puis, ne pouvant soutenir son bonheur, elle se cacha la tête dans le sein de Jules.

— Ma nièce, dit l'oncle, autrefois nous faisions l'amour, aujourd'hui vous aimez..... Vous êtes tout ce qu'il y a de bon et de beau dans l'humanité; c'est nous qui vous gâtons!...

L'Auberge rouge.

I.

INTRODUCTION.

Vers la fin de l'année 1830, un banquier de Paris, ayant des relations commerciales très étendues en Allemagne, fêtait un de ces amis, long-temps inconnus, que les négocians se font de place en place, par correspondance.

Cet ami, chef de je ne sais quel maison assez importante à Nuremberg, était un bon gros Allemand, homme de goût et d'érudition, parlant peu de sa pipe, ayant une belle et large figure nurembergeoise, au front carré, découvert, décoré de quelques cheveux blonds assez rares; véritable type des enfans de cette pure et noble Germanie, si fertile en caractères honorables, et dont les mœurs douces ne se sont jamais démenties, même après sept invasions.

L'étranger riait avec simplesse, écoutait attentivement et buvait remarquablement bien, aimant le vin de Champagne autant peut-être que les vins *paillés* du Johannisberg. Il se nommait Hermann, comme presque tous les Allemands mis en scène par les auteurs. En homme qui ne sait rien faire légèrement, il était bien assis à la table du banquier, mangeait avec ce tudesque appétit si célèbre en Europe, et disait un adieu consciencieux à la cuisine du grand Carême.

Le maître du logis, voulant faire honneur à son hôte, avait convié, pour ce dernier dîner, quelques amis intimes, capitalistes ou commerçans dignes d'estime; puis des femmes aimables, jolies, dont le gracieux babil et les manières franches étaient en harmonie avec la cordialité germanique.

Vraiment, si vous aviez pu voir, comme j'en eus le plaisir, cette réunion joyeuse de gens qui avaient rentré leurs griffes commerciales pour spéculer sur les plaisirs de la vie, il vous eût été difficile de haïr les escomptes usuraires ou de maudire les faillites. L'homme ne peut pas toujours mal faire ; et, même dans la société des pirates, il doit se rencontrer quelques heures douces pendant lesquelles vous croyez être, dans leur sinistre vaisseau, comme sur une escarpolette.

— Avant de nous quitter, M. Hermann va nous raconter encore, je l'espère, une histoire allemande qui nous fasse bien peur...

Ces paroles furent prononcées au dessert par une jeune personne pâle et blonde qui, sans doute, avait lu les contes d'Hoffmann et les romans de Walter Scott. C'était la fille unique du banquier, ravissante créature dont l'éducation s'achevait au Gymnase, et qui raffolait des charmantes pièces de Scribe.

En ce moment les convives se trouvaient dans cette heureuse disposition de paresse et de silence où nous met un repas exquis, quand nous avons un peu trop présumé de notre puissance digestive. Chaque convive avait le dos appuyé sur sa chaise, le poignet légèrement soutenu par le bord de la table, et les doigts indolemment occupés à jouer avec la lame dorée d'un couteau. Quand un dîner arrive à ce moment de déclin, il y a des gens qui tourmentent le pépin d'une poire; d'autres roulent une mie de pain entre leur pouce et l'index; les amoureux tracent dans leurs assiettes des lettres informes avec les débris des fruits; les avares comptent leurs noyaux et les rangent comme si c'étaient des comparses au fond d'un théâtre. Ce sont de petites félicités gastronomiques dont Brillat-Savarin, auteur si complet d'ailleurs, n'a pas tenu compte dans son livre.

Les valets avaient disparu. Le dessert était comme une escadre après le combat, tout désemparé, pillé, flétri. Les assiettes éparses erraient sur la table malgré l'obstination avec laquelle la maîtresse du logis essayait de les remettre en place. Quelques personnes regardaient des vues de Suisse magnifiquement encadrées et symétriquement accrochées sur les parois grises de la salle à manger; mais nul convive ne s'ennuyait, car nous ne connaissons point d'homme qui se soit encore attristé pendant la digestion d'un bon dîner. Alors, nous aimons à rester dans je ne sais quel calme, espèce de juste milieu entre la rêverie du penseur et la satisfaction des animaux ruminans. C'est la mélancolie matérielle de la gastronomie.

Aussi les convives se tournèrent-ils spontanément vers le bon Allemand, enchantés tous d'avoir une ballade à écouter, fût-elle même sans intérêt; car, pendant cette benoîte pause, la voix d'un conteur semble toujours délicieuse à nos sens engourdis dont elle favorise le bonheur négatif.

Moi, chercheur de tableaux, j'admirais ces visages égayés par un sourire, éclairés par les bougies, et que la bonne chère avait empourprés. Offrant des expressions diverses, ils produisaient de piquans effets à travers les candélabres, les corbeilles en porcelaine, les fruits, les cristaux, et contrastaient par le jeu des physionomies. Alors, mon imagination fut frappée à l'aspect du convive qui se trouvait précisément en face de moi. C'était un homme de moyenne taille, assez gras, rieur, ayant la tournure, les manières d'un agent de change retiré, mais paraissant n'être doué que d'un esprit fort ordinaire. Je ne l'avais pas encore remarqué.

En ce moment, sa figure, sans doute assombrie par un faux jour, me parut avoir changé de caractère : elle était devenue terreuse; des teintes violâtres la sillonnaient; et vous eussiez dit la tête cadavérique d'un agonisant. Immobile comme les personnages peints dans un Diorama, ses yeux hébétés restaient fixés sur les étincelantes facettes d'un bouchon de cristal, mais il ne les comptait certes pas, et semblait bien plutôt abîmé dans quelque contemplation fantastique de l'avenir ou du passé... Quand j'eus long-temps examiné cette face équivoque, elle me fit penser :

— Souffre-t-il? me dis-je. — A-t-il trop bu?... Est-il ruiné par la baisse des fonds publics?... Songe-t-il à jouer ses créanciers?...

— Voyez!... dis-je à ma voisine en lui montrant le visage de l'inconnu, n'est-ce pas une faillite en fleur?...

— Oh! me répondit-elle, il serait plus gai!...

Puis hochant gracieusement la tête, elle ajouta :

— Si celui-là se ruine jamais, je l'irai dire à Holy-Rood ! Il possède un million en fonds de terre !..., C'est un ancien fournisseur des armées impériales, bon homme, assez original... Cependant il rend sa femme extrêmement heureuse. Il a une jolie fille. — Épousez-la ?... Elle sera riche.

En ce moment, le fournisseur leva les yeux sur moi. Son regard me fit tressaillir, tant il était sombre et pensif ! Assurément ce coup d'œil résumait toute une vie... Mais tout à coup sa physionomie devint gaie; puis il prit le bouchon de cristal, le mit, par un mouvement machinal, à une carafe pleine d'eau qui se trouvait devant son assiette, et tourna la tête vers M. Hermann en souriant. Cet homme, béatifié par ses jouissances gastronomiques, n'avait sans doute pas deux idées dans la cervelle, et ne songeait à rien !... Aussi j'eus, en quelque sorte, honte de prodiguer ma science divinatoire *in anima vili* d'un épais financier.

Pendant que je faisais des observations en

pure perte, le bon Allemand s'était lesté le nez d'une prise de tabac, et commençait son histoire.

Il me serait assez difficile de la reproduire dans les mêmes termes, avec ses interruptions fréquentes et ses digressions verbeuses; aussi l'ai-je écrite à ma guise, laissant les fautes au Nurembergeois; et m'emparant de ce qu'elle peut avoir de poétique et d'intéressant, avec la candeur des écrivains qui oublient de mettre au titre de leurs livres : *traduit de l'allemand.*

II.

LES DEUX SOUS AIDES.

Vers la fin de vendémiaire an vii, époque républicaine qui, dans le style actuel, correspond au 20 octobre 1799, deux jeunes gens, partis de Bonn dès le matin, étaient arrivés à la chute du jour aux environs d'Andernach, petite ville située sur la rive gauche du Rhin, à quelques lieues de Coblentz.

En ce moment, l'armée française commandée par le général Augereau manœuvrait dans la Souabe en présence des Autrichiens qui occupaient la rive droite du fleuve. Le quartier général de la division républicaine était à Coblentz, et l'une des demi-brigades appartenant au corps d'Augereau se trouvait cantonnée à Andernach.

Les deux voyageurs étaient Français. A voir leurs uniformes bleus mélangés de blanc, a paremens de velours rouge, leurs sabres, surtout le chapeau couvert d'une toile cirée verte, et orné d'un plumet tricolore, les paysans de la Souabe eux-mêmes auraient reconnu des chirurgiens militaires, hommes de science et de mérite, aimés pour la plupart à l'armée et même dans les pays envahis par nos troupes.

En effet, à cette époque, les enfans de famille, arrachés à leur stage médical par la récente loi sur la conscription due au général Jourdan, avaient naturellement mieux aimé continuer leurs études sur le champ de bataille que d'être astreints au service militaire, peu en harmonie avec leur éducation première et leurs paisibles destinées. Alors, hommes de science, pacifiques et serviables, ils faisaient quelque bien au milieu de tant de malheurs, et sympathisaient avec tous les érudits des diverses contrées par lesquelles passait la cruelle civilisation de la république.

Armés, l'un et l'autre, d'une feuille de route et portant une commission de *sous aide* signés Coste et Bernadotte, ces deux jeunes gens se rendaient à la demi-brigade à laquelle ils étaient attachés.

Appartenant tous deux à des familles bourgeoises de Beauvais, médiocrement riches, mais où les mœurs douces et la loyauté des provinces se transmettaient comme une partie de l'héritage, ils avaient voyagé par la diligence jusqu'à Strasbourg, amenés sur le théâtre de la guerre avant l'époque indiquée pour leur entrée en fonctions, par une curiosité bien naturelle aux jeunes gens.

Quoique la prudence maternelle ne leur eût laissé emporter qu'une faible somme, ils se croyaient riches en possédant quelques louis, véritable trésor dans un temps où les assignats étaient arrivés au dernier degré d'avilissement, et où l'or valait beaucoup d'argent. Alors, les deux sous aides, âgés de vingt ans au plus, obéirent à la poésie de leur situation avec tout l'enthousiasme de la jeunesse. De Strasbourg à Bonn, ils avaient visité l'Électorat et les rives du Rhin en artistes, en philosophes, en observateurs; car, à cet âge, quand nous avons une destinée scientifique, nous sommes des êtres véritablement multiples; et même, en faisant l'amour, ou en voyageant, un sous aide doit thésauriser les rudimens de sa fortune ou de sa gloire à venir.

Donc, les deux jeunes gens s'étaient abandonnés à cette admiration profonde dont les hommes instruits sont saisis à l'aspect des rives du Rhin et des paysages de la Souabe, entre Mayence et Cologne; nature forte, riche, puissamment accidentée, pleine de souvenirs féodaux, verdoyante; mais gardant en tous lieux les empreintes du fer et du feu; car Louis XIV et Turenne ont cautérisé cette ravissante contrée. Çà et là, des ruines attestent l'orgueil, ou peut-être la prévoyance du roi de Versailles, qui fit abattre les admirables châteaux-forts dont cette partie de l'Allemagne était jadis ornée. En voyant cette terre merveilleuse, si féconde en sites, couverte de forêts, et où le pittoresque du moyen âge abonde, mais en ruines, vous concevez le génie allemand, ses rêveries et son mysticisme.

Cependant le séjour des deux amis à Bonn avait un but de science et de plaisir tout à la fois. Le grand hôpital de l'armée gallo-batave et de la division d'Augereau était établi dans le palais même de l'électeur. Les sous-aides de fraîche date y avaient donc été voir des camarades, remettre des lettres de recommandation à leurs chefs, et s'y familiariser avec les premières impressions de leur métier. Mais aussi, là, comme ailleurs, ils dépouillèrent quelques uns de ces préjugés exclusifs auxquels nous restons si long-temps fidèles en faveur des monumens et des beautés de notre pays natal. Surpris à l'aspect des colonnes de marbre dont le palais électoral est orné, ils allèrent admirant le grandiose des constructions allemandes, et trouvèrent à chaque pas de nouveaux trésors antiques ou modernes.

De temps en temps, les chemins dans lesquels erraient les deux amis, en se dirigeant vers Andernach, les amenaient sur le piton d'une montagne de granit plus élevée que les autres; et, par une découpure de la forêt, par une anfractuosité des rochers, ils apercevaient quelque vue du Rhin encadrée dans le marbre ou festonnée par de vigoureuses végétations. Les vallées, les sentiers, les arbres exhalaient cette senteur automnale qui porte à la rêverie; les cimes des bois commençaient à se dorer, à prendre des tons chauds et bruns, signes de vieillesse; les feuilles tombaient; mais le ciel était encore d'un bel azur, et les chemins, secs, se dessinaient comme des lignes jaunes dans le paysage alors éclairé par les obliques rayons du soleil couchant.

A une demi-lieue d'Andernach, les deux amis, marchant au milieu d'un profond silence, comme si la guerre ne dévastait pas ce beau pays, suivirent un chemin pratiqué pour les chèvres à travers les hautes murailles de granit bleuâtre entre lesquelles le Rhin bouillonne.

Bientôt ils descendirent un des versans de la gorge au fond de laquelle se trouve la petite ville, assise avec coquetterie au bord du fleuve, où elle offre un joli port aux mariniers.

— L'Allemagne est un bien beau pays !.... s'écria l'un des deux jeunes gens, nommé

Prosper Magnan, à l'instant où il entrevit les maisons peintes d'Andernach, pressées comme des œufs dans un panier, mais séparées par des arbres, par des jardins et des fleurs. Puis il admira pendant un moment les toits pointus à solives saillantes, les escaliers de bois, les galeries de mille habitations paisibles, et les barques balancées par les flots dans le port...
. . . .
. . . .

INTERRUPTION.

Au moment où M. Hermann prononça le nom de Prosper Magnan, le fournisseur saisit la carafe, se versa de l'eau dans son verre, et le vida d'un trait.

Ce mouvement attira mon attention. Je crus remarquer un léger tremblement dans ses mains et de l'humidité sur le front du capitaliste.

— Comment se nomme le fournisseur?.... demandai-je à ma complaisante voisine.

— Mauricey!.... me répondit-elle.

— Vous trouvez-vous indisposé? m'écriai-je en voyant pâlir ce singulier personnage.

—Nullement!.... dit-il en me remerciant par un geste de politesse.

— J'écoute.... ajouta-t-il en faisant un signe de tête aux convives qui le regardèrent tous simultanément.

—J'ai oublié, dit M. Hermann, le nom de l'autre jeune homme; seulement les confidences de Prosper Magnan m'ont appris que son compagnon était brun, assez maigre et jovial. Si vous me le permettez, je l'appellerai Wilhem, pour donner plus de clarté au récit de cette histoire.

Le bon Allemand reprit sa narration après avoir ainsi, sans respect pour le romantisme et la couleur locale, baptisé le sous-aide d'un nom germanique.

CONTINUATION.

..... Au moment où les deux jeunes gens arrivèrent à Andernach, il était donc nuit close. Présumant qu'ils perdraient beaucoup de temps à trouver leurs chefs, à s'en faire reconnaître, et à obtenir d'eux un gîte militaire dans une ville déjà pleine de soldats, ils avaient résolu de passer leur dernière nuit de liberté dans une auberge située à une centaine de pas d'Andernach, et dont ils avaient admiré, du haut des rochers, les riches couleurs embellies par les feux du soleil couchant.

Entièrement peinte en rouge, cette auberge produisait un piquant effet dans le paysage, soit en se détachant avec vivacité sur la masse générale de la ville, soit en opposant un large rideau de pourpre à la verdure des différens feuillages, et sa teinte vive aux tons grisâtres de l'eau.

Cette maison devait son nom à la décoration extérieure qui lui avait été sans doute imposée depuis un temps immémorial par le caprice de son fondateur ; et la superstition mercantile assez naturelle aux différens possesseurs de ce logis, renommé parmi les mariniers du Rhin, en avait fait soigneusement conserver le costume.

En entendant le pas des chevaux, le maître de l'*Auberge rouge* vint sur le seuil de la porte.

— Par Dieu ! s'écria-t-il, messieurs, un peu plus tard vous auriez été forcés de coucher à la belle étoile, comme la plupart de vos compatriotes qui bivouaquent de l'autre côté d'Andernach. Chez moi, tout est plein !.... Si vous tenez à coucher dans un bon lit, je n'ai plus que ma propre chambre à vous offrir..... Quant à vos chevaux, je vais leur faire mettre une litière dans un coin de la cour; car, aujourd'hui, j'ai des chrétiens à l'écurie....

— Ces Messieurs viennent de France?.... reprit-il après une légère pose.

— De Bonn!.... s'écria Prosper. Et nous n'avons encore rien mangé depuis ce matin.

— Oh! quant aux vivres!....

L'aubergiste hocha la tête.

— On vient de dix lieues à la ronde faire des noces à l'*Auberge rouge!*.... Vous allez avoir un festin de prince..... le poisson du Rhin!.... c'est tout dire.....

Les sous-aides confièrent leurs montures fatiguées aux soins de l'hôte, qui appelait assez inutilement ses valets; et le laissant crier, ils entrèrent dans la salle commune de l'auberge.

Les nuages épais et blanchâtres exhalés par une nombreuse assemblée de fumeurs, ne leur permirent pas de distinguer d'abord les gens avec lesquels ils allaient se trouver; mais lorsqu'ils se furent assis près d'une table, avec la patience pratique de ces voyageurs philosophes qui ont reconnu l'inutilité du bruit, ils démêlèrent, à travers les vapeurs du tabac, tous les accessoires obligés d'une auberge allemande : le poêle, l'horloge, les tables, les pots de bière, les longues pipes, et, çà et là, des figures hétéroclites, juives, allemandes; puis les visages rudes des mariniers. Les épaulettes de quelques officiers français étincelaient dans ce brouillard, et le cliquetis des éperons et des sabres retentissait incessamment sur le carreau. Les uns jouaient aux cartes, d'autres se disputaient, se taisaient, mangeaient, buvaient ou se promenaient.

Une grosse petite femme, ayant le bonnet de velours noir, la pièce d'estomac bleue et argent, la pelotte, le trousseau de clefs, l'agrafe d'argent, les cheveux tressés, marques distinctives de toutes les maîtresses d'auberges allemandes, et dont le costume est, du reste, si exactement colorié dans une foule d'estampes, qu'il est trop vulgaire pour être décrit; la femme de l'aubergiste, donc, fit patienter et impatienter les deux amis avec une habileté fort remarquable.

Insensiblement le bruit diminua, les voyageurs se retirèrent, le nuage de fumée se dissipa, et lorsque le couvert des sous-aides fut mis, que la classique carpe du Rhin parut sur la table, onze heures sonnaient, et la salle était vide. Le silence de la nuit laissait entendre vaguement le bruit que faisaient les chevaux en mangeant leur provende ou en piaffant, le murmure des eaux du Rhin, et ces espèces de rumeurs indéfinissables qui animent une auberge pleine quand chacun s'y couche. Les portes et les fenêtres s'ouvraient et se fermaient, des voix murmuraient de vagues paroles, et quelques interpellations retentissaient dans les chambres.

En ce moment de silence et de tumulte, les deux Français, et l'hôte occupé à leur vanter Andernach, le repas, son vin du Rhin, l'armée républicaine et sa femme, écoutèrent avec une sorte d'intérêt les cris rauques de quelques mariniers et les bruissemens d'un bateau qui abordait au port.

L'aubergiste, familiarisé sans doute avec les interrogations gutturales de ces bateliers, sortit précipitamment, et revint bientôt. Il ramena un gros petit homme, derrière lequel marchaient deux mariniers portant une lourde valise et quelques ballots.

Les paquets déposés dans la salle, le petit homme prit lui-même sa valise et la garda près de lui, en s'asseyant sans cérémonie à table devant les deux sous-aides.

— Allez coucher à votre bateau!..... dit-il aux mariniers, puisque l'auberge est pleine. Tout bien considéré, cela vaudra mieux.....

— Monsieur, dit l'hôte au nouvel arrivé! voilà tout ce qui me reste de provisions!....

Et il montrait le souper servi aux deux Français.

— Je n'ai pas une croûte de pain, pas un os.....

— Et de la choucroute?

— Pas de quoi mettre dans le dé de ma femme!.... Et, comme j'ai eu l'honneur de vous le dire, vous ne pouvez pas avoir d'autre lit que la chaise sur laquelle vous êtes, et pas d'autre chambre que cette salle.

A ces mots, le petit homme jeta sur l'hôte, sur la salle et sur les deux Français, un regard où la prudence et l'effroi se peignirent également.

Ici, je dois vous faire observer, dit M. Hermann en s'interrompant, que nous n'avons jamais su ni le véritable nom, ni l'histoire de cet inconnu ; seulement, ses papiers ont appris qu'il venait d'Aix-la-Chapelle ; il avait pris le nom de Walhenfer, et possédait aux environs de Neuwied une manufacture d'épingles assez considérable.

Comme tous les fabricans de ce pays, il portait une redingote de drap commun, une culotte et un gilet en velours vert foncé, des bottes et une large ceinture de cuir. Sa figure était toute ronde, ses manières franches et cordiales ; mais pendant cette soirée, il lui fut très difficile de déguiser entièrement des appréhensions secrètes, ou peut-être de cruels soucis.

L'opinion de l'aubergiste a toujours été que ce négociant allemand fuyait son pays ; et, plus tard, j'ai su que sa fabrique avait été brûlée par un de ces hasards malheureusement si fréquens en temps de guerre. Malgré son expression généralement soucieuse, sa physionomie annonçait une grande bonho-

mie ; il avait de beaux traits, et surtout un large cou dont sa cravate noire faisait si bien ressortir la blancheur, que Wilhem le montra par raillerie à Prosper..................
....
....

———

Ici, M. Mauricey but un verre d'eau.

———

....
Prosper offrit avec courtoisie au négociant de partager leur souper, et Wahlenfer accepta sans façon, en homme qui se sentait en mesure de reconnaître cette politesse. Il coucha sa valise à terre, mit ses pieds dessus, ôta son chapeau, s'attabla, se débarrassa de ses gants et de deux pistolets qu'il avait à sa ceinture.

L'hôte lui ayant promptement donné un couvert, les trois convives commencèrent à satisfaire assez silencieusement leur appétit.

L'atmosphère de la salle était si chaude et les mouches si nombreuses, que Prosper pria l'hôte d'ouvrir la croisée qui donnait sur la porte, afin de renouveler l'air.

Cette fenêtre était barricadée par une barre de fer dont les deux bouts entraient dans des trous pratiqués aux deux coins de l'embrasure; et, pour plus de sécurité, deux écrous, attachés à chacun des volets, recevaient deux vis.

Par hasard, Prosper examina la manière dont l'hôte s'y prenait pour ouvrir la fenêtre.

Mais, puisque je vous dépeins les localités, nous dit M. Hermann, je dois vous faire connaître les dispositions intérieures de l'auberge, car, de la connaissance exacte des lieux dépend tout l'intérêt de cette histoire.

La salle où se trouvaient les trois personnages dont je vous parle, avait deux portes de sortie. L'une donnait sur le chemin d'Andernach, qui longe le Rhin; et, là, devant l'auberge, il y avait naturellement un petit débarcadère, où le bateau, loué par le négociant pour son voyage, était amarré; l'autre porte avait sa sortie sur la cour de l'auberge. Cette cour était entourée de murs très élevés, et remplie, pour le moment, de bestiaux et de chevaux, les écuries se trouvant pleines de monde. La grande porte venait d'être si soigneusement barricadée, que, pour plus de promptitude, l'hôte avait fait entrer le négociant et les mariniers par la porte de la salle qui donnait sur la rue. Après avoir ouvert la fenêtre, selon le désir de Prosper Magnan, il se mit à fermer cette porte, glissa les barres dans leurs trous, et vissa les écrous.

La chambre de l'hôte, où devaient coucher les deux sous-aides, était contiguë à la salle commune, et se trouvait séparée par un mur assez léger de la cuisine, où l'hôtesse et son mari devaient probablement passer la nuit; car la servante venait de sortir, et d'aller chercher son gîte dans quelque crèche, ou dans le coin d'un grenier. Alors, il est facile de comprendre que la salle commune, la chambre de l'hôte et la cuisine, étaient en quelque sorte isolées du reste de l'auberge. Il y avait dans la cour deux gros chiens, dont les aboiemens graves annonçaient des gardiens vigilans et très irritables.

— Quel silence et quelle belle nuit!.... dit

Wilhem en regardant le ciel, lorsque l'hôte eut fini de fermer la porte.

Alors le clapotis des flots était le seul bruit qui se fit entendre.

— Messieurs, dit le négociant aux deux Français, permettez-moi de vous offrir quelques bouteilles de vin pour arroser votre carpe. Nous nous délasserons des fatigues de la journée en buvant. A votre air et à l'état de vos vêtemens, je vois que, comme moi, vous avez fait bien du chemin aujourd'hui!...

Les deux amis acceptèrent, et l'hôte sortit par la porte de la cuisine pour aller à sa cave, sans doute située sous cette partie du bâtiment.

Lorsque cinq vénérables bouteilles, apportées par l'aubergiste, furent sur la table, sa femme achevait de servir le repas. Elle donna à la salle et aux mets un coup d'œil de maîtresse de maison; et, certaine d'avoir prévenu toutes les exigences des voyageurs, elle rentra dans la cuisine. Les quatre convives, car l'hôte fut invité à boire, ne l'entendirent pas se coucher; mais, plus tard, pendant les intervalles de silence qui séparèrent les causeries des buveurs, quelques ronflemens très accentués, rendus encore plus sonores par les planches creuses de la soupente où s'était nichée la fille de l'auberge, firent sourire les amis, et surtout l'hôte.

Vers minuit, lorsqu'il n'y eut plus sur la table que des biscuits, du fromage, des fruits secs et du bon vin, les trois voyageurs, et principalement les deux jeunes Français, devinrent plus communicatifs. Ils parlèrent de leur pays, de leurs études, de la guerre; puis, la conversation s'anima.

Prosper Magnan fit venir quelques larmes dans les yeux du négociant fugitif, quand, avec cette franchise picarde et la naïveté d'une nature bonne et tendre, il supposa ce que devait faire sa mère au moment où il se trouvait, lui, sur les bords du Rhin.....

— Je la vois, disait-il, lisant sa prière du soir avant de se coucher! Elle ne m'oublie certes pas, et doit se demander : — Où est-il, mon pauvre Prosper?..... Mais si elle a gagné au jeu quelques sous à sa voisine.....

— A ta mère, peut-être, ajouta-t-il en poussant le coude de Wilhem.

— Elle va les mettre, reprit-il, dans le grand pot de terre rouge, où elle amasse la somme nécessaire à l'acquisition des trente arpens enclavés dans son petit domaine de Lescheville. Ces trente arpens valent bien environ soixante mille francs..... Ce sont de bonnes prairies.... Ah! si je les avais un jour, je vivrais toute ma vie à Lescheville, sans ambition..... Que de fois mon père a désiré ces trente arpens, et le joli ruisseau qui serpente dans ces prés-là!.... Comme j'y ai souvent joué!....

— Monsieur Walhenfer, n'avez-vous pas aussi votre *hoc erat in votis?* demanda Wilhem.

— Oui, monsieur, oui! mais...... il était tout venu, et — maintenant.....

Le bonhomme garda le silence.

— Moi, dit l'hôte, dont le visage s'était légèrement empourpré, j'ai, l'année dernière, acheté un clos que je désirais avoir depuis dix ans.....

Ils causèrent ainsi en gens dont la langue était déliée par le vin, et prirent les uns pour les autres cette amitié passagère dont nous sommes peu avares en voyage, en sorte qu'au moment où ils allèrent se coucher, Wilhem offrit son lit au négociant.

—Vous pouvez d'autant mieux l'accepter... lui dit-il, que je puis coucher avec Prosper ; ce ne sera, certes, ni la première ni la dernière fois..... Vous êtes notre doyen, et nous devons honorer la vieillesse !....

— Bah! dit l'hôte, le lit de ma femme a plusieurs matelas, vous en mettrez un par terre.

Et il alla fermer la croisée, en faisant tout le bruit que comportait cette prudente opération.

— J'accepte, dit le négociant.....

Puis, baissant la voix :

— J'avoue, ajouta-t-il en regardant les deux amis, que je le désirais.... Mes bateliers me semblent suspects...... Et, pour cette nuit, je ne suis pas fâché d'être en compagnie de deux braves et bons jeunes gens, de deux militaires français!..... J'ai cent mille francs en or et en diamans dans ma valise!....

L'affectueuse réserve avec laquelle cette imprudente confidence fut reçue par les deux jeunes gens rassura le bon Allemand.

L'hôte aida ses voyageurs à défaire un des lits; et, quand tout fut arrangé pour le mieux, il leur souhaita une bonne nuit et alla se coucher.

Le négociant et les deux sous-aides plaisantèrent sur la nature de leurs oreillers.

Prosper mettait sa trousse d'instrumens et celle de Wilhem sous son matelas, afin de l'exhausser et de remplacer le traversin qui lui manquait, au moment où, par un excès de prudence, Walhenfer plaçait sa valise sous son chevet.

— Nous dormirons tous deux sous notre fortune : vous, sur votre or; moi sur ma trousse !.... Reste à savoir si mes instrumens me vaudront autant d'or que vous en avez acquis.....

—Vous pouvez l'espérer, dit le négociant;

le travail et la probité viennent à bout de tout, mais ayez de la patience.....

Bientôt Walhenfer et Wilhem s'endormirent.

Soit que son lit fût trop dur, soit que son extrême fatigue fût une cause d'insomnie, ou soit par une fatale disposition d'âme, Prosper Magnan resta éveillé.

Ses pensées prirent insensiblement une mauvaise pente, et il ne songea plus qu'aux cent mille francs sur lesquels dormait le négociant.

Pour lui, cent mille francs étaient une immense fortune toute venue.

Il commença par les employer de mille manières différentes, en faisant des châteaux en Espagne, comme nous en faisons tous avec tant de bonheur pendant le moment qui précède notre sommeil, à cette heure où les images naissent confuses dans notre entendement, et où souvent, par le silence de la nuit, la pensée acquiert une puissance magique. Il comblait les vœux de sa mère, il achetait les trente arpens de prairie, il se mariait à une demoiselle de Beauvais, à laquelle la disproportion de leurs fortunes lui défendait d'aspirer en ce moment. Il s'arrangeait avec cette somme toute une vie de délices, et se voyait heureux, père de famille, riche, considéré dans sa province, et peut-être maire de Beauvais.

Sa tête picarde s'enflammant, il chercha les moyens de changer ses fictions en réalités..... Il mit une chaleur extraordinaire à combiner un crime en théorie, et, tout en rêvant la mort du négociant, il voyait distinctement l'or et les diamans. Il en avait les yeux éblouis..... Son cœur palpitait. La délibération était déjà un crime peut-être.... Fasciné par cette masse d'or, il s'enivra moralement par des raisonnemens assassins. Il se demanda si ce pauvre Allemand avait bien besoin de vivre. Il supposa qu'il n'avait jamais existé..... Bref, il conçut le crime de manière à en assurer l'impunité.

L'autre rive du Rhin était occupée par les Autrichiens; il y avait au bas des fenêtres une barque et des bateliers; il pouvait couper le cou de cet homme, le jeter dans le Rhin, se sauver par la croisée avec la valise, offrir de l'or aux mariniers, et passer en Autriche. Il alla jusqu'à calculer le degré d'adresse qu'il

avait su acquérir en se servant de ses instrumens de chirurgie, afin de trancher la tête de sa victime de manière à ce qu'elle ne poussât pas un seul cri.............................
....

———

Là, M. Mauricey s'essuya le front et but encore un peu d'eau.

———

....
Prosper se leva lentement et sans faire aucun bruit; puis, certain de n'avoir réveillé personne, il s'habilla, se rendit dans la salle commune; et, avec cette fatale intelligence que l'homme trouve soudainement en lui, avec cette puissance de tact et de volonté qui ne manque jamais ni aux prisonniers ni aux criminels dans l'accomplissement de leurs projets, il dévissa les barres de fer, les sortit de leurs trous sans faire le plus léger bruit, les plaça près du mur, ouvrit les volets en pesant sur les gonds afin d'en assourdir les grincemens; puis, la lune, jetant sa pâle clarté sur cette scène, lui permit de voir faiblement

les objets dans la chambre où dormaient Wilhem et Walhenfer.....

Là, il m'a dit s'être un moment arrêté, parce que les palpitations de son cœur étaient si fortes, si profondes, si sonores, qu'il en avait été comme épouvanté, et craignait de ne pouvoir agir avec sang-froid, car ses mains tremblaient, et la plante de ses pieds lui paraissait appuyée sur des charbons ardens..... Mais l'exécution de son dessein était accompagnée de tant de bonheur qu'il vit une espèce de prédestination dans cette faveur du sort. Il ouvrit la fenêtre et revint dans la chambre!.... Il prit sa trousse, y chercha l'instrument le plus convenable pour achever son crime.

— Quand j'arrivai près du lit, me dit-il, je me recommandai machinalement à Dieu.

Au moment où il levait le bras en rassemblant toute sa force, il entendit en lui comme une voix, et crut apercevoir une lumière.....
Jetant l'instrument sur son lit, il se sauva dans l'autre pièce, et alors vint se placer à la fenêtre qu'il avait ouverte.

Là, il conçut la plus profonde horreur pour lui-même; sentant néanmoins sa vertu faible et craignant de succomber à la puissante fascination à laquelle il était en proie, il sauta vivement sur le chemin et se promena le long du Rhin, en faisant pour ainsi dire sentinelle devant l'auberge.

Souvent il atteignait Andernach dans sa promenade précipitée; souvent aussi ses pas le conduisaient au versant par lequel il était descendu pour arriver à l'auberge; mais le silence de la nuit était si profond, il se fiait si bien sur les chiens de garde, que, parfois, il perdit de vue la fenêtre qu'il avait laissée ouverte.

Son but était de se lasser et d'appeler le sommeil. Cependant, en marchant ainsi sous un ciel sans nuages, dont il admira les belles étoiles, frappé peut-être aussi par l'air pur de la nuit, et par le bruissement mélancolique des flots, il tomba dans une rêverie qui le ramena par degrés à de saines idées de morale, et qui finit par dissiper complétement sa frénésie momentanée. Les enseignemens de son éducation, les préceptes religieux, et surtout, m'a-t-il dit, les images de la vie modeste qu'il avait jusqu'alors menée sous le toit paternel, triomphèrent de ses mauvaises pensées.

Quand il revint, après une longue méditation, au charme de laquelle il s'était abandonné sur le bord du Rhin, en restant accoudé sur une grosse pierre, il aurait pu, m'a-t-il dit, non pas dormir, mais veiller près d'un milliard en or.....

Au moment où sa probité se releva fière et forte de ce combat, il se mit à genoux dans un sentiment d'extase et de bonheur, remercia Dieu, se trouva heureux, léger, content, comme au jour de sa première communion, où il s'était cru digne des anges, parce qu'il avait passé la journée sans pécher ni en paroles, ni en actions, ni en pensée.

Il revint à l'auberge, ferma la fenêtre sans craindre de faire du bruit, et se mit au lit sur-le-champ.

Sa lassitude morale et physique le livra sans défense au sommeil; et, peu de temps après avoir posé sa tête sur son matelas, il tomba dans cette somnolence première et fantastique qui précède toujours un profond sommeil. Alors les sens s'engourdissent, et la vie s'abolit graduellement; les pensées sont incomplètes, et les derniers tressaillemens de nos sens simulent une sorte de rêverie.

— Comme l'air est lourd!..... se dit Prosper. Il me semble que je respire une vapeur humide!..... ou les exhalaisons d'une eau chaude.....

Il s'expliqua vaguement cet effet de l'atmosphère par la différence qui devait exister entre la température de la chambre et l'air pur de la campagne.

Mais il entendit bientôt un bruit périodique assez semblable à celui que font les gouttes d'eau d'une fontaine en tombant du robinet.

Obéissant à une terreur panique, il voulut se lever et appeler l'hôte, réveiller le négociant ou Wilhem ; mais il se souvint alors, pour son malheur, de l'horloge de bois, et croyant reconnaître le mouvement du balancier, il s'endormit dans cette indistincte et confuse perception......................
....

— Voulez-vous de l'eau, monsieur Mauricey ? dit le maître de la maison, en voyant le fournisseur prendre machinalement la carafe.

Elle était vide.

III.

LES DEUX JUSTICES.

M. Hermann continua son récit, après la légère pause occasionée par l'observation du banquier.

— Le lendemain matin, dit-il, Prosper Magnan fut réveillé par un grand bruit. Il lui semblait avoir entendu des cris perçans, et il ressentait ce violent tressaillement de nerfs dont nous subissons l'âcre douleur lorsque nous achevons, au réveil, une sensation pénible commencée pendant notre sommeil. Alors, il s'accomplit en nous un fait physiologique, un sursaut, pour me servir de l'expression vulgaire, qui n'a pas encore été suffisamment observé, quoiqu'il contienne des phénomènes curieux pour la science. Cette terrible angoisse, produite peut-être par une réunion trop subite de nos deux natures, presque toujours séparées pendant de sommeil, est ordinairement rapide ; mais elle persista chez le pauvre sous-aide ; elle s'accrut même tout à coup, et lui causa une affreuse horripilation, quand il aperçut une mare de sang entre son matelas et le lit de Walhenfer. La tête du pauvre Allemand gisait à terre, et le corps dans le lit.

Tout le sang avait jailli par le cou.

En voyant les yeux de cette tête, encore ouverts et fixes, en voyant le sang qui avait taché ses draps et même ses mains, en reconnaissant son instrument de chirurgie sur le lit, Prosper Magnan s'évanouit, et tomba dans le sang de Walhenfer.....

— C'était déjà, m'a-t-il dit, une punition de mes pensées.....

Quand il reprit connaissance, il se trouva dans la salle commune. Il était assis sur une chaise, environné de soldats français et en présence d'une foule attentive et curieuse. Il regarda stupidement un officier républicain occupé à recueillir les dépositions de quelques témoins, et à rédiger sans doute un procès-verbal. Il reconnut l'hôte, sa femme, les deux mariniers et la servante de l'auberge.

L'instrument de chirurgie dont s'était servi l'assassin.........

INTERRUPTION.

Ici M. Mauricey toussa, tira son mouchoir de poche, se moucha et s'essuya le front; mais ces mouvemens assez naturels ne furent remarqués que par moi; car tous les convives, les yeux attachés sur M. Hermann, l'écoutaient avec une sorte d'avidité.

Le fournisseur appuya son coude sur la table, mit sa tête dans sa main droite, regarda fixement M. Hermann; et, dès lors, ne laissa plus échapper aucune marque d'émotion ou d'intérêt; mais sa physionomie resta pensive et terreuse, comme au moment où il avait joué avec le bouchon de la carafe.

CONTINUATION.

.... L'instrument de chirurgie dont s'était servi l'assassin se trouvait sur la table, avec la trousse, le portefeuille et les papiers de Prosper. Les regards de l'assemblée se dirigeaient alternativement sur ces pièces de conviction et sur le jeune homme, qui paraissait mourant, et dont les yeux éteints semblaient ne rien voir. La rumeur confuse qui se faisait entendre au-dehors, accusait la présence de la foule attirée devant l'auberge par la nouvelle du crime, et peut-être aussi par le désir de connaître l'assassin. Le pas des sentinelles placées sous les fenêtres de la salle, le bruit de leurs fusils dominaient le murmure des conversations populaires; mais l'auberge était fermée, la cour vide et silencieuse.

Incapable de soutenir le regard de l'officier qui verbalisait, Prosper Magnan, se sentant la main pressée par un inconnu, leva les yeux comme pour chercher un protecteur parmi cette foule ennemie ; et, alors, il reconnut, à l'uniforme, le chirurgien-major de la demi-brigade cantonnée à Andernach. Le regard de cet homme était si perçant, si sévère, que le pauvre jeune homme en frissonna, et laissa aller sa tête sur le dos de la chaise; mais un soldat lui ayant fait respirer des sels, il reprit aussitôt connaissance. Cependant, ses yeux hagards étaient tellement privés de vie et d'intelligence, que le chirurgien dit à l'officier, après avoir tâté le pouls de Prosper :

— Capitaine, il est impossible d'interroger cet homme-là dans ce moment.....

— Eh bien! emmenez-le...., répondit le capitaine en interrompant le chirurgien et en s'adressant à un caporal qui se trouvait derrière le sous-aide.

— S..., lâche, lui dit à voix basse le soldat, tâche au moins de marcher ferme devant ces mâtins d'Allemands, afin de sauver l'honneur de la république.

Cette interpellation réveilla Prosper Magnan. Il se leva, et fit quelques pas; mais lorsque la porte s'ouvrit, qu'il se sentit frappé par l'air extérieur, et qu'il vit entrer la foule, ses forces l'abandonnèrent, ses genoux fléchirent, il chancela.

— Ce tonnerre de carabin-là mérite deux fois la mort!.... Marche donc!.... dirent les deux soldats qui lui prêtaient le secours de leurs bras afin de le soutenir.

— Oh! le lâche! le lâche!.... C'est lui!.... c'est lui!.... le voilà!.... le voilà!....

Ces mots lui semblaient dits par une seule voix, la voix tumultueuse de la foule, qui l'accompagnait en l'injuriant, et grossissait à chaque pas.
Pendant le trajet de l'auberge à la prison, le tapage que le peuple et les soldats faisaient en marchant, le murmure des différens col-

loques, la vue du ciel et la fraîcheur de l'air, l'aspect d'Andernach et le frissonnement des eaux du Rhin, toutes ces impressions arrivaient à l'âme du sous-aide, mais vagues, confuses, ternes comme toutes les sensations qu'il avait éprouvées depuis son réveil; et par momens il croyait, m'a-t-il dit, ne plus exister.

— J'étais alors en prison, dit M. Hermann en s'interrompant. Enthousiaste comme nous le sommes tous à vingt ans, j'avais voulu défendre mon pays. Commandant une compagnie franche que j'avais organisée aux environs d'Andernach, je tombai pendant la nuit au milieu d'un détachement français composé de huit cents hommes. Nous étions tout au plus deux cents. Mes espions m'avaient vendu. Je fus jeté dans la prison d'Andernach, et il s'agissait alors de me fusiller, pour faire un exemple qui intimidât le pays. Les Français parlaient aussi de représailles; mais le meurtre dont les républicains voulaient tirer vengeance sur moi ne s'était pas commis dans l'Électorat.

Mon père avait obtenu un sursis de trois jours, afin de pouvoir aller demander ma grâce au général Augereau, qui la lui accorda. Je vis donc Prosper Magnan au moment où il entra dans la prison d'Andernach, et il m'inspira une pitié profonde. Il était pâle, défait, taché de sang ; mais sa physionomie avait un caractère de candeur et d'innocence qui me frappa vivement. Pour moi, l'Allemagne respirait dans ses longs cheveux blonds, dans ses yeux bleus. Véritable image de mon pays défaillant, il m'apparut comme une victime et non comme un meurtrier. Au moment où il passa sous ma fenêtre, il jeta, je ne sais sur quoi, le sourire amer et mélancolique d'un aliéné qui retrouve une fugitive lueur de raison. Ce sourire n'était certes pas celui d'un assassin.

Quand je vis le geôlier, je le questionnai sur son nouveau prisonnier.

— Il n'a pas parlé depuis qu'il est dans son cachot. Il s'est assis, a mis sa tête entre ses mains, et dort ou réfléchit à son affaire..... A entendre les Français, il aura son compte demain matin, et sera fusillé dans les vingt-quatre heures....

Je demeurai le soir sous la fenêtre du prisonnier, pendant le court instant qui m'était accordé pour faire une promenade dans la cour de la prison. Nous causâmes ensemble, et il me raconta naïvement son aventure, en répondant avec assez de justesse à mes différentes questions.

Après cette première conversation, je ne doutai plus de son innocence. Aussi je demandai, j'obtins la faveur de rester quelques heures près de lui. Je le vis à plusieurs reprises, et le pauvre enfant m'initia sans détour à toutes ses pensées.

D'abord, il se croyait tout à la fois innocent et coupable. Se souvenant de l'horrible tentation à laquelle il avait eu la force de résister, il craignait d'avoir accompli, pendant son sommeil et dans un accès de somnambulisme, le crime qu'il rêvait, éveillé.

— Mais votre compagnon?.... lui dis-je.

— Oh!.... s'écria-t-il avec feu, Wilhem est incapable.....

Il n'acheva même pas.

A cette parole chaleureuse, pleine de jeunesse et de vertu, je lui serrai la main.

— A son réveil, reprit-il, il aura sans doute

été épouvanté, il aura perdu la tête.... il se sera sauvé.

— Sans vous éveiller!.... lui dis-je. Mais alors votre défense sera facile, car la valise de Walhenfer n'aura pas été volée.....

Tout à coup il fondit en larmes.

— Oh! oui, je suis innocent!..... s'écria-t-il. Je n'ai pas tué!... Je me souviens de mes songes...... Je jouais aux barres avec mes camarades de collége..... je n'ai pas dû couper la tête de ce négociant, en rêvant que je courais.....

Puis, malgré les lueurs d'espoir qui, parfois, lui rendirent un peu de calme, il se sentait toujours écrasé par un remords. Il avait bien certainement levé le bras pour trancher la tête du négociant. Il se faisait justice, et ne se trouvait pas le cœur pur, après avoir commis le crime dans sa pensée.

— Et cependant!... je suis bon!... s'écriait-il. O ma pauvre mère! Peut-être en ce moment joue-t-elle gaîment à l'impériale avec ses voisines dans son petit salon de tapisserie.....

Si elle savait que j'ai seulement levé la main pour assassiner un homme...... oh! elle mourrait!.... Et je suis en prison!..... accusé d'avoir commis un crime. Si je n'ai pas tué cet homme...... je tuerai certainement ma mère.....

A ces mots il ne pleura pas; mais, animé de cette fureur courte et vive assez familière aux Picards, il s'élança vers la muraille, et, si je ne l'avais retenu, il s'y serait brisé la tête.....

— Attendez votre jugement, lui dis-je. Vous serez acquitté, vous êtes innocent. Et votre mère.....

— Ma mère!.... s'écria-t-il avec fureur; elle apprendra mon accusation avant tout. Dans les petites villes, cela se fait ainsi... et elle en mourra de chagrin. D'ailleurs, je ne suis pas innocent... Voulez-vous savoir toute la vérité..... je sens que j'ai perdu la virginité de ma conscience.

Après ce terrible mot, il s'assit, se croisa les bras sur la poitrine, inclina la tête, et regarda la terre d'un air sombre.

En ce moment, le porte-clefs vint me prier de rentrer dans ma chambre; mais, fâché d'abandonner mon compagnon en un instant où son découragement me paraissait si profond, je le serrai dans mes bras avec amitié.

— Prenez patience, lui dis-je, tout ira bien, peut-être. Si la voix d'un honnête homme peut faire taire vos doutes, apprenez que je vous estime et vous aime..... Acceptez mon amitié, et dormez sur mon cœur, si vous n'êtes pas en paix avec le vôtre.

Le lendemain, un caporal et quatre fusiliers vinrent le chercher vers neuf heures. En entendant le bruit que firent les soldats, je me mis à ma fenêtre. Lorsque le jeune homme traversa la cour, il jeta les yeux sur moi. Jamais je n'oublierai son regard; il était plein de pensées, de pressentimens, de résignation, et de je ne sais quelle grâce triste et mélancolique; espèce de testament silencieux et intelligible par lequel un ami léguait sa vie perdue à son dernier ami..... La nuit avait sans doute été bien dure, bien solitaire pour lui; mais aussi peut-être la pâleur empreinte sur son visage accusait-elle un stoïcisme puisé dans une nouvelle estime de lui-même ; peut-être s'était-il purifié par un remords, et croyait-il laver sa faute dans sa douleur et dans sa honte... Il marchait d'un pas ferme ; et, dès le matin, il avait fait disparaître les taches de sang dont il s'était involontairement souillé.

— Mes mains y ont fatalement trempé pendant que je dormais, car mon sommeil est toujours très agité !..... m'avait-il dit la veille, avec un horrible accent de désespoir.....

J'appris qu'il allait comparaître devant un conseil de guerre. La division devait, le surlendemain, se porter en avant, et le chef de demi-brigade ne voulait pas quitter Andernach sans faire justice du crime sur les lieux mêmes où il avait été commis.... Je restai dans une mortelle angoisse pendant le temps que dura ce conseil. Enfin, vers midi, Prosper Magnan fut ramené en prison. Je faisais en ce moment ma promenade accoutumée ; il m'aperçut, et vint se jeter dans mes bras.

— Perdu !.... me dit-il. Je suis perdu sans

espoir!..... — Ici, pour tout le monde, je serai donc un assassin !.....

Il releva la tête avec fierté.....

— Cette injustice m'a rendu tout entier à mon innocence.... Ma vie aurait toujours été troublée, ma mort sera sans reproche !..... Mais, y a-t-il un avenir ?....

Tout le dix-huitième siècle était dans cette interrogation soudaine.

Il resta pensif.

— Enfin, lui dis-je, comment avez-vous répondu? que vous a-t-on demandé? n'avez-vous pas dit naïvement le fait comme vous me l'avez raconté?....

Il me regarda fixement pendant un moment; et, après cette pause effrayante, il me répondit avec une fiévreuse vivacité de paroles :

— Ils m'ont demandé d'abord ;

— Êtes-vous sorti de l'auberge pendant la nuit?

J'ai dit : — Oui.....

— Par où?....

J'ai rougi, et j'ai répondu : — Par la fenêtre.....

— Vous l'aviez donc ouverte?

Oui!.... ai-je dit.

— Vous y avez mis bien de la précaution; car l'aubergiste n'a rien entendu!....

Je suis resté stupéfait. — Les mariniers ont déclaré m'avoir vu me promenant, allant tantôt à Andernach, tantôt vers la forêt. — J'ai fait, disent-ils, plusieurs voyages. — J'ai enterré l'or et les diamans. — Enfin, la valise ne s'est pas retrouvée!.... — Puis, j'étais toujours en guerre avec mes remords; et, quand je voulais parler : « Tu as voulu commettre le crime..... » me criait une voix impitoyable.....

Tout était contre moi..... Même moi!....

Ils m'ont questionné sur mon camarade....
je l'ai complétement défendu.....

Alors ils m'ont dit : Nous devons trouver un coupable entre vous, votre camarade, l'aubergiste et sa femme?... Ce matin, toutes les fenêtres et les portes se sont trouvées fermées!....

— A cette observation, reprit-il, je suis resté sans voix, sans force, sans âme.... Plus sûr de mon ami que de moi-même, je ne pouvais pas l'accuser..... J'ai compris que nous étions regardés tous deux comme également complices de l'assassinat, et que je passais pour le plus maladroit!.... J'ai voulu expliquer le crime par le somnambulisme, et justifier mon ami..... Alors j'ai divagué..... Je suis perdu. J'ai lu ma condamnation dans les yeux de mes juges..... Ils ont laissé échapper des sourires d'incrédulité..... Tout est dit.... Plus d'incertitude!.... Demain je serai fusillé.....

— Je ne pense plus à moi...... reprit-il; mais, — à ma pauvre mère!.....

Il s'arrêta, regarda le ciel, et ne versa pas de larmes..... Ses yeux étaient secs et fortement convulsés.

— Frédéric!.....

— Ah! l'autre se nommait Frédéric!.... Frédéric!..... Oui, c'est bien là le nom, s'écria M. Hermann d'un air de triomphe.....

Ma voisine me poussa le pied, et me fit un signe en me montrant M. Mauricey.

Le fournisseur avait négligemment laissé tomber sa main sur ses yeux; mais, entre les intervalles de ses doigts, nous crûmes voir une flamme sombre dans son regard.

— Hein?.... me dit-elle à l'oreille. S'il se nommait Frédéric!....

Je répondis en la guignant de l'œil, comme pour lui dire : « Silence !.... »

M. Hermann reprit :

— Frédéric!.... s'écria le sous-aide, Frédéric m'a lâchement abandonné..... Il aura eu peur!.... Il s'est peut-être caché dans l'auberge, car nos deux chevaux étaient encore le matin dans la cour.

— Quel incompréhensible mystère!..... ajouta-t-il après un moment de silence. Le somnambulisme!.... le somnambulisme!.... Je n'en ai eu qu'un seul accès dans ma vie, et encore à l'âge de six ans.

— M'en irai-je d'ici?.... reprit-il, frappant du pied sur la terre, en emportant tout ce qu'il y d'amitié dans le monde? Mourrai-je donc deux fois en doutant d'une fraternité commencée à l'âge de cinq ans, et continuée au collége, aux écoles!.... Où est Frédéric?

Il pleura! Nous tenons donc plus à un sentiment qu'à la vie.

— Rentrons, me dit-il, je préfère être dans mon cachot. Je ne voudrais pas qu'on me vît pleurant. J'irai courageusement à la mort, mais je ne sais pas faire de l'héroïsme à contretemps, et j'avoue que je regrette la vie..... Pendant cette nuit je n'ai pas dormi; je me suis rappelé les scènes de mon enfance, et me suis vu courant dans ces prairies dont le souvenir a peut-être causé ma perte....

— J'avais de l'avenir!.... me dit-il en s'interrompant. Douze hommes, un sous-lieutenant qui criera : — Portez armes, en joue, feu! puis un roulement de tambours!..... et l'infamie!.... voilà mon avenir maintenant. Oh! il y a un Dieu, ou tout cela serait par trop niais!....

Alors il me prit et me serra dans ses bras en m'étreignant avec force.

— Ah! vous êtes le dernier homme avec lequel j'aurai pu épancher mon âme.... Vous serez libre, vous!..... vous verrez votre mère!..... Je ne sais si vous êtes riche ou pauvre, mais qu'importe!..... vous êtes le monde entier pour moi.... Ils ne se battront pas toujours, ceux-ci. Eh bien! quand ils seront en paix, allez à Beauvais; si ma mère survit à la fatale nouvelle de ma mort, vous l'y trouverez!..... dites-lui ces consolantes paroles :

— Il était innocent!.....

Elle vous croira!... reprit-il. Je vais lui écrire ; mais vous lui porterez mon dernier regard, vous lui direz que je vous ai embrassé... Ah! combien elle vous aimera, la pauvre femme! vous qui aurez été mon dernier ami!.....

— Ici, dit-il après un moment de silence pendant lequel il resta comme accablé sous le poids de ses souvenirs, chefs et soldats me sont inconnus, et je leur fais horreur à tous!.... Sans vous, mon innocence serait un secret entre le ciel et moi.....

Je lui jurai d'accomplir saintement ses dernières volontés; et mes paroles, mon effusion de cœur, le touchèrent.

Peu de temps après, les soldats revinrent le chercher et le ramenèrent au conseil de guerre. Il était condamné. J'ignore les formalités qui devaient suivre ou accompagner ce premier jugement, et je ne sais pas si le jeune chirurgien défendit sa vie dans toutes les règles; mais s'attendant à marcher au supplice le lendemain matin, il passa la nuit à écrire à sa mère.

— Nous serons libres tous deux, me dit-il

en souriant, quand je l'allai voir le lendemain ; j'ai appris que le général a signé votre grâce...

Je restai silencieux, et le regardai, pour bien graver ses traits dans ma mémoire. Alors, il prit une expression de dégoût, et me dit :

— J'ai été tristement lâche!.... J'ai, pendant toute la nuit, demandé ma grâce à ces murailles.

Et il me montrait les murs de son cachot.

— Oui, oui, reprit-il, j'ai hurlé de désespoir, je me suis révolté, j'ai subi la plus terrible des agonies morales. — J'étais seul!.... Maintenant, je pense à ce que vont dire les autres.... Le courage est un costume à prendre ; et, je dois aller décemment à la mort..... Aussi.......

IV.

LES DEUX JUSTICES.

Oh! n'achevez pas!.... s'écria la jeune personne qui avait demandé cette histoire, et qui interrompit alors brusquement le Nurembergeois; je veux demeurer dans l'incertitude et croire qu'il a été sauvé..... Si j'apprenais aujourd'hui qu'il a été fusillé, je ne dormirais pas cette nuit. Demain, vous me direz le reste.....

Nous nous levâmes de table.

En acceptant le bras de M. Hermann, ma voisine lui dit :

— Il a été fusillé..... n'est-ce pas?

— Oui. Je fus témoin de son exécution.

— Comment, monsieur! dit-elle, vous avez pu.....

— Il l'avait désiré, madame. Il y a quelque chose de bien affreux à suivre le convoi d'un homme vivant, d'un homme que l'on aime, d'un innocent! Ce pauvre jeune homme ne cessa pas de me regarder. Il semblait ne plus vivre qu'en moi! Il voulait, disait-il, que je reportasse son dernier soupir à sa mère.

— Eh bien, l'avez-vous vue ?

— A la paix d'Amiens, je vins en France; mais madame Magnan était morte de consomption. Ce ne fut pas sans une émotion profonde que je brûlai la lettre dont j'étais porteur. Vous vous moquerez peut-être de mon exaltation germanique, mais je vis un drame de mélancolie sublime dans le secret éternel qui allait ensevelir ces adieux jetés entre deux tombes, ignorés de toute la création, comme un cri poussé au milieu du désert par le voyageur que surprend un lion.....

— Et si l'on vous mettait face à face avec un des hommes qui sont dans ce salon, en vous disant : — Voilà le meurtrier!..... Ne serait-ce pas un autre drame?... lui demandai-je en l'interrompant. Et que feriez-vous?....

M. Hermann alla prendre son chapeau, et sortit.

— Vous agissez en jeune homme, et bien légèrement!.... me dit ma voisine. Regardez M. Mauricey!.... tenez!.... assis dans la bergère, là, au coin de la cheminée. Mademoiselle Fanny lui présente une tasse de café?... Il sourit. Un assassin, que le récit de cette aventure aurait dû mettre au supplice, pourrait-il montrer tant de calme? N'a-t-il pas un air vraiment patriarcal?....

— Oui, mais allez lui demander s'il a fait la guerre en Allemagne..... m'écriai-je.

— Pourquoi non?

Et avec cette audace dont les femmes manquent rarement lorsqu'une entreprise leur sourit, ou que leur esprit est dominé par la curiosité, ma voisine s'avança vers le fournisseur.

— Vous avez été en Allemagne?... lui dit-elle.

M. Mauricey faillit laisser tomber sa soucoupe.

— Moi! madame?.... — Non, jamais.....

— Que dis-tu donc là, Mauricey?.... répliqua le banquier en l'interrompant, n'étais-tu pas dans les vivres, à la campagne de Wagram?....

— Ah, oui! reprit M. Mauricey; cette fois-là, j'y suis allé.

— Vous vous trompez!.... C'est un bonhomme!.... me dit ma voisine en revenant près de moi.

— Hé bien! m'écriai-je, avant la fin de la soirée je chasserai le meurtrier hors de la fange où il se cache.....

Il se passe tous les jours sous nos yeux un phénomène moral d'une profondeur étonnante, et cependant trop simple pour être remarqué. Si dans un salon deux hommes se rencontrent, que l'un ait le droit de mépriser ou de haïr l'autre, soit par la connaissance d'un fait intime et latent dont il est entaché, soit par un tort secret, ou même par une vengeance à venir, ces deux hommes se devinent et pressentent l'abîme qui les sépare ou doit les séparer. Ils s'observent à leur insu, se préoccupent d'eux-mêmes. Leurs regards, leurs gestes, laissent transpirer une indéfinissable émanation de leur pensée. Il y a un aimant entre eux; et je ne sais qui s'attire le plus fortement, de la vengeance ou du crime, de la haine ou de l'insulte. Semblables au prêtre qui ne pouvait consacrer l'hostie en présence du malin esprit, ils sont tous deux gênés, défians : l'un est poli, l'autre sombre, je ne sais lequel; l'un rougit ou pâlit, l'autre tremble. Souvent le vengeur est aussi lâche que la victime; car peu de gens ont le courage de produire un mal, même nécessaire; et bien des hommes se taisent ou pardonnent en haine du bruit, ou par peur d'un dénoûment tragique.

Cette intus-susception de nos âmes et de

nos sentimens établissait une lutte mystérieuse entre le fournisseur et moi. Depuis la première interpellation que je lui avais faite pendant le récit de M. Hermann, il fuyait mes regards; peut-être aussi évitait-il ceux de tous les convives! Il causait avec l'inexpériente Fanny, la fille du banquier; éprouvant sans doute, comme tous les criminels, le besoin de se rapprocher de l'innocence, en espérant trouver du repos près d'elle : mais, quoique loin de lui, je l'écoutais, et mon œil perçant fascinait le sien. Quand il croyait pouvoir m'épier impunément, nos regards se rencontraient, et ses paupières s'abaissaient aussitôt.

Fatigué de ce supplice, M. Mauricey s'empressa de le faire cesser en se mettant à jouer. J'allai parier pour son adversaire, mais en désirant perdre mon argent. Ce souhait fut accompli. Je remplaçai le joueur sortant, et me trouvai face à face avec le meurtrier.....

— Monsieur, lui dis-je pendant qu'il me donnait des cartes, auriez-vous la complaisance de *démarquer?*....

Il fit passer assez précipitamment ses jetons de gauche à droite.

Ma voisine étant venue près de moi, je lui jetai un coup d'œil significatif; et, m'adressant au fournisseur :

— Seriez-vous, demandai-je, M. Frédéric Mauricey dont j'ai beaucoup connu la famille à Beauvais?....

— Oui, monsieur, répondit-il.

Puis, il laissa tomber ses cartes, pâlit, mit sa tête dans ses mains, pria l'un de ses parieurs de tenir son jeu, et se leva.

— Il fait trop chaud ici!.... s'écria-t-il. Je crains.....

Il n'acheva pas. Sa figure exprima tout à coup d'horribles souffrances, et il sortit brusquement.

Le maître de la maison accompagna M. Mauricey, en paraissant prendre un vif intérêt à sa position.

Nous nous regardâmes, ma voisine et moi; mais je trouvai je ne sais quelle teinte d'amère tristesse répandue sur sa physionomie.

— Votre conduite est-elle bien miséricordieuse!.... me demanda-t-elle en m'emmenant dans une embrasure de fenêtre au moment où je quittai le jeu, après avoir perdu. Voudriez-vous accepter le pouvoir de lire dans tous les cœurs?..... Pourquoi ne pas laisser agir la justice humaine et la justice divine?..... Si nous échappons à l'une, nous n'évitons jamais l'autre ! Et les priviléges d'un président d'assises sont-ils donc bien dignes d'envie?..... Vous avez presque fait l'office du bourreau ?....

— Après avoir partagé, stimulé ma curiosité, vous me faites de la morale!..... lui dis-je.

— Vous m'avez fait réfléchir!... répondit-elle.

— Donc, paix aux scélérats, guerre aux malheureux, et déifions l'or!.... Mais, laissons cela, ajoutai-je en riant. Regardez, je vous prie, la jeune personne qui entre en ce moment dans le salon.....

— Eh bien?

— Je l'ai vue il y a trois jours au bal de l'ambassadeur de Naples ; j'en suis devenu passionnément amoureux. De grâce, dites-moi son nom. Personne n'a pu.....

— C'est mademoiselle Mauricey !....

J'eus un éblouissement.

— Sa mère, me disait ma voisine, dont j'entendis à peine la voix, l'a retirée depuis peu du couvent. Elle vient ici pour la première fois...... Elle est bien belle !..... et — bien riche.

Ces paroles furent accompagnées d'un sourire sardonique.

En ce moment, nous entendîmes des cris violens, mais étouffés. Ils semblaient sortir d'un appartement voisin, et retentissaient faiblement dans les jardins.

— N'est-ce pas la voix de M. Mauricey ?... m'écriai-je.

Nous prêtâmes au bruit toute notre attention, et d'épouvantables gémissemens parvinrent à nos oreilles.

La femme du banquier accourut précipitamment vers nous, et ferma la fenêtre.

— Évitons les scènes, nous dit-elle. Si madame Mauricey entendait son mari, elle pourrait bien avoir une attaque de nerfs!....

Le banquier rentra dans le salon, y chercha madame Mauricey, lui dit un mot à voix basse; et aussitôt jetant un cri, elle s'élança vers la porte et disparut.

Cet événement produisit une grande sensation. Les parties cessèrent; chacun questionna son voisin; le murmure des voix grossit, et des groupes se formèrent.

— M. Mauricey se serait-il?... demandai-je.

— Tué!..... s'écria ma railleuse voisine. Vous en porteriez gaîment le deuil, je pense!

— Mais que lui est-il donc arrivé?

— Le pauvre bonhomme, répondit la maîtresse de la maison, est sujet à une maladie dont je n'ai pu retenir le nom, quoique M. Brousson me l'ai dit assez souvent; et il vient d'en avoir un accès.....

— Quel est donc le genre de cette maladie?..... demanda soudain un juge d'instruction.

— Oh! c'est un terrible mal!.... monsieur, répondit-elle. Les médecins n'y connaissent pas de remède... Il paraît que les souffrances en sont atroces..... Un jour, ce malheureux Mauricey ayant eu un accès pendant son séjour à ma terre, j'ai été obligée d'aller chez une de mes voisines pour ne pas l'entendre; car, alors, il pousse des cris terribles, il veut se tuer, sa femme est forcée de le faire attacher sur son lit, et de lui mettre quelquefois la camisole des fous. Il prétend avoir dans la tête des animaux qui lui rongent la cervelle... Ce sont des élancemens, des coups de scie, des tiraillemens horribles dans l'intérieur de chaque nerf..... Il souffre tant à la tête, qu'il ne sentait pas les moxas qu'on lui appliquait jadis pour essayer de le distraire...... Mais M. Brousson, qu'il a pris pour médecin, les a défendus, en prétendant que c'était une affection nerveuse, une inflammation de nerfs, pour laquelle il fallait des sangsues au cou et de l'opium sur la tête.... Et le fait est, que les accès sont devenus plus rares, et ne le prennent plus guère que tous les ans, vers la fin de l'automne. Quand il est rétabli, le pauvre homme répète sans cesse qu'il aurait mieux aimé être roué ou tiré à quatre chevaux.....

— Alors, il paraît qu'il souffre beaucoup!... dit un agent de change, le bel esprit du salon.

— Oh! reprit-elle, l'année dernière il a failli périr..... Il avait été à sa terre; et, faute de secours peut-être, il est resté vingt-deux heures étendu roide, et comme mort. Il n'a été sauvé que par un bain très chaud.....

— C'était donc une espèce de *tétanos?*.... demanda l'agent de change.

— Je ne sais pas, reprit-elle; mais voilà près de trente ans qu'il a cette maladie-là.... Il a gagné cela aux armées..... Il lui est entré un éclat de bois dans la tête en tombant dans un bateau.... M. Brousson espère le guérir... On prétend que les Anglais ont trouvé le moyen de traiter sans danger cette maladie-là par l'acide prussique.....

En ce moment, un cri plus perçant que les

autres retentit dans la maison, et nous glaça d'horreur.....

— Eh bien! voilà ce que j'entendais à tout moment!.... reprit la femme du banquier.... Cela me faisait sauter sur ma chaise et m'agaçait les nerfs.... Mais, chose extraordinaire! ce pauvre Mauricey, tout en souffrant des douleurs inouïes, ne risque jamais de mourir..... Il mange et boit comme à l'ordinaire pendant les momens de répit que lui laisse cet horrible supplice.... La nature est bien bizarre!.... Un médecin allemand lui a dit que c'était une espèce de goutte à la tête; cela s'accorderait assez avec l'opinion de M. Brousson.....

Je quittai le groupe qui s'était formé autour de la maîtresse du logis, et sortis avec mademoiselle Mauricey, qu'un valet vint chercher.....

— Oh! mon Dieu! mon Dieu! s'écria-t-elle en pleurant, qu'a donc fait mon père au ciel pour avoir mérité de souffrir ainsi!... Un être si bon!....

Je descendis l'escalier avec elle. En l'aidant à monter dans la voiture, j'y vis son père courbé en deux. Madame Mauricey essayait d'étouffer les gémissemens de son mari, en lui couvrant la bouche d'un mouchoir. Malheureusement il m'aperçut. Sa figure parut se crisper encore davantage. Un cri convulsif fendit les airs, il me jeta un regard horrible, et la voiture partit.

V.

LE CAS DE CONSCIENCE.

Ce dîner, cette soirée exercèrent une cruelle influence sur ma vie et mes sentimens.

J'aimai mademoiselle Mauricey, précisément peut-être parce que l'honneur et la délicatesse m'interdisaient de m'allier à un assassin, tout bon père et bon époux qu'il pût être.....

Une incroyable fatalité m'entraînait à me

faire présenter dans les maisons où je savais pouvoir rencontrer Joséphine. Souvent, après m'être donné à moi-même ma parole d'honneur de renoncer à la voir, le soir même je me trouvais près d'elle. Mes plaisirs étaient immenses. Mon légitime amour, plein de remords chimériques, avait la couleur d'une passion criminelle. Je me méprisais de saluer M. Mauricey, quand par hasard il était avec sa fille; mais je le saluais!....

Enfin, par malheur, Joséphine n'est pas seulement une jolie personne; de plus elle est instruite, remplie de talens, de grâces, sans la moindre pédanterie, sans la plus légère teinte de prétention. Elle cause avec réserve, elle est accorte, gaie. Son caractère a des attraits auxquels personne ne sait résister. Elle m'aime, ou du moins elle me le laisse croire; elle a un certain sourire qu'elle ne trouve que pour moi; et, pour moi, sa voix s'adoucit encore..... Oh! elle m'aime; mais elle adore son père, mais elle m'en vante la bonté, la douceur, les qualités exquises; et ces éloges sont autant de coups de poignard qu'elle me donne dans le cœur.

Un jour, je me suis trouvé presque complice du crime sur lequel repose l'opulence de la famille Mauricey. J'ai voulu demander la main de Joséphine. Alors j'ai fui, j'ai voyagé, j'ai été en Allemagne, à Andernach..... Mais —je suis revenu. J'ai retrouvé Joséphine pâle. Elle avait maigri !.... Si je l'avais revue bien portante, gaie, j'étais sauvé !....

Ma passion s'est rallumée avec une violence extraordinaire; et, craignant que mes scrupules ne dégénérassent en monomanie, je résolus de convoquer un sanhédrin de consciences pures, afin de jeter quelques lumières sur ce problème de haute morale et de philosophie. La question s'était encore bien compliquée depuis mon retour.

Avant-hier donc, j'ai réuni ceux de mes amis auxquels j'accorde le plus de probité, de délicatesse et d'honneur.

J'avais invité deux Anglais, un secrétaire d'ambassade et un puritain; un ancien ministre dans toute la maturité de la politique; des jeunes gens encore sous le charme de l'innocence; un prêtre, un vieillard; puis mon ancien tuteur, homme naïf, qui m'a rendu le plus beau compte de tutelle dont il y ait mémoire au Palais; un avocat, un notaire, un juge, enfin toutes les opinions sociales, toutes les vertus pratiques.

Nous avons commencé par bien dîner, bien parler, bien crier; puis, au dessert, j'ai raconté naïvement mon histoire, et demandé un bon avis en cachant le nom de ma prétendue.

— Conseillez-moi, mes amis, leur dis-je en terminant. Discutez longuement la question comme s'il s'agissait d'un projet de loi. L'urne et les boules du billard vont vous être apportées, et vous voterez pour ou contre mon mariage, dans tout le secret voulu par un scrutin!....

Un profond silence régna soudain.

Le notaire se récusa.

— Il y a, dit-il, un contrat à faire.

Le vin avait réduit mon ancien tuteur au silence, et il fallait le mettre en tutelle pour qu'il ne lui arrivât aucun malheur en retournant chez lui.

— Je comprends!.... m'écriai-je. Ne pas donner son opinion, c'est me dire énergiquement ce que je dois faire.

Il y eut un mouvement dans l'assemblée.

— Ainsi que la vertu le crime a ses degrés!....

s'écria un propriétaire qui avait souscrit pour les enfans et la tombe du général Foy.

— Bavard!.... me dit l'ancien ministre à voix basse, en me poussant le coude.

— Où est la difficulté? demanda M. le duc de Jenesaisquoi, dont la fortune consiste en biens confisqués à des protestans réfractaires lors de la révocation de l'édit de Nantes.

L'avocat se leva :

— En droit, l'*espèce* qui nous est soumise ne constituerait pas la moindre difficulté. Monsieur le duc a raison!.... s'écria l'organe de la loi. N'y a-t-il pas prescription ?... Où en serions-nous tous s'il fallait rechercher l'origine des fortunes?.... Ceci est une affaire de conscience; et, si vous voulez absolument porter la cause devant un tribunal, allez à celui de la pénitence.....

Le Code incarné se tut, s'assit et but un verre de vin de Champagne.

L'homme chargé d'expliquer l'Évangile, le bon prêtre, se leva.

— Dieu nous a faits fragiles, dit-il avec fermeté. Si vous aimez l'héritière du crime, épousez-la, mais contentez-vous du bien matrimonial, et donnez aux pauvres celui du père.....

— Mais, s'écria l'un de ces ergoteurs sans pitié qui se rencontrent si souvent dans le monde, le père n'a peut-être fait un beau mariage que parce qu'il s'était enrichi..... Le moindre de ses bonheurs n'a-t-il donc pas toujours été un fruit du crime?....

— La discussion est en elle-même une sentence ! Il y a des choses sur lesquelles un homme ne délibère pas.... s'écria mon ancien tuteur, qui crut éclairer l'assemblée par une saillie d'ivresse.

— Oui !... dit le secrétaire d'ambassade.

— Oui !... s'écria le prêtre.

Ces deux hommes ne s'entendaient pas.

Un jeune doctrinaire auquel il n'avait guère

manqué que 150 voix sur 155 votans pour être élu député se leva :

— Messieurs, cet accident phénoménal de la nature intellectuelle est un de ceux qui sortent le plus vivement de l'état normal auquel est soumise la société... Donc, la décision à prendre doit être un fait extemporané de notre conscience, un concept soudain, un jugement instinctif, une nuance fugitive de notre appréciation intime, assez semblable aux éclairs qui constituent le sentiment du goût... Votons.....

— Votons !... s'écrièrent mes convives.

Je fis donner à chacun deux boules, l'une blanche, l'autre rouge. Le blanc, symbole de virginité, devait proscrire le mariage ; et la boule rouge, l'approuver.

Je m'abstins de voter par délicatesse.

Mes amis étaient 17 ; majorité absolue, 9.

Chacun alla mettre sa boule dans le panier d'osier à col étroit, où s'agitent les billes numérotées quand les joueurs tirent leurs places à la poule, et nous fûmes agités par une assez vive curiosité, car ce scrutin de morale épurée avait quelque chose d'original.

Au dépouillement du scrutin, je trouvai 9 boules blanches!.... Ce résultat ne me surprit pas; mais je m'avisai de compter les jeunes gens de mon âge que j'avais mis parmi mes juges. Ces casuistes étaient au nombre de 9. Ils avaient tous eu la même pensée.

— Oh! oh!... me dis-je, il y a unanimité contre le mariage!... Comment sortir d'embarras?....

— Où demeure le beau-père?... demanda étourdiment un de mes camarades de collége, moins dissimulé que les autres.

— Il n'y a plus de beau-père!.... m'écriai-je. Jadis ma conscience parlait assez clairement pour rendre votre arrêt superflu. Et si aujourd'hui sa voix s'est affaiblie, voici les motifs de ma couardise. Je reçus, il y a deux mois, cette lettre séductrice.

Alors, je leur montrai l'invitation suivante, que je tirai de mon portefeuille :

« Vous êtes prié d'assister aux convoi, ser-
« vice et enterrement de M. JEAN-FRÉDÉ-
« RIC MAURICEY, ancien fournisseur des
« vivres-viande, en son vivant, chevalier de
« la Légion-d'Honneur et de l'Éperon d'or,
« capitaine de la 1re compagnie de grenadiers
« de la 2me légion de la garde nationale de
« Paris, décédé le 1er mai dans son hôtel, et
« qui se feront a..... etc.

« *De la part de.....* etc. »

DÉCISION.

— Maintenant, que faire?... repris-je. Je vais vous poser la question très largement.

Il y a bien certainement une mare de sang dans les terres de mademoiselle Mauricey!... La succession de son père est un vaste *hacelma*. Je le sais.....

Mais Prosper Magnan n'a pas laissé d'héritiers;

Mais il m'a été impossible de retrouver la

famille du fabricant d'épingles assassiné à Andernach.

A qui restituer la fortune?

Et doit-on restituer toute la fortune?

Ai-je le droit de trahir un secret surpris, d'augmenter d'une tête coupée la dot d'une innocente jeune fille, de lui faire faire de mauvais rêves, de lui ôter une belle illusion, de lui tuer son père une seconde fois, en lui disant : Tous vos écus sont tachés?....

J'ai emprunté le *Dictionnaire des cas de Conscience* à un vieil ecclésiastique, et n'y ai point trouvé de solution à mes doutes.

Faire une fondation pieuse pour l'âme de Prosper Magnan, de Walhenfer, de Mauricey.....

Nous sommes en 1831.

Bâtir un hospice ou instituer un prix de vertu!.... Mais le prix de vertu sera donné à des fripons!.... Quant à la plupart de nos hôpitaux, ils me semblent devenus aujourd'hui les protecteurs du vice!

D'ailleurs seraient-ce des réparations?..... Et les dois-je?

Puis j'aime, èt j'aime avec passion!... Mon amour est ma vie! Si je propose sans motif à une jeune fille habituée au luxe, à l'élégance, à une vie féconde en jouissances d'arts, à une jeune fille qui aime à écouter paresseusement aux Bouffons la musique de Rossini, si donc je lui propose de se priver de 1,500,000 fr. en faveur de vieillards ou de galeux chimériques, elle me tournera le dos en riant, ou sa mère me prendra pour un mauvais plaisant..... Si, dans une extase d'amour, je lui vante les charmes d'une vie médiocre, et ma petite maison sur les bords de la Loire; si je lui demande le sacrifice de sa vie parisienne au nom de notre amour, ce sera d'abord un vertueux mensonge; puis, je ferai peut-être là quelque triste expérience, et perdrai le cœur de cette jeune fille, amoureuse du bal, folle de parure et — de moi — pour le moment. Elle me sera enlevée par un officier mince et pimpant, qui aura une moustache bien frisée, jouera du piano, vantera Victor Hugo, et montera joliment à cheval!....

Que faire?..... Messieurs, de grâce, un conseil.

L'honnête homme, cette espèce de puritain, assez semblable au père de Jenny Deans, dont je vous ai déjà parlé, et qui jusque-là n'avait soufflé mot, haussa les épaules, en me disant :

— Imbécile, pourquoi lui as-tu demandé s'il était de Béauvais?....

Le Roi.

NOTICE BIOGRAPHIQUE

SUR

LOUIS LAMBERT.

Dilectae dicatum

Et nunc et semper.

1822 — 1832.

NOTICE BIOGRAPHIQUE

SUR

LOUIS LAMBERT.

Louis Lambert naquit à Montoire, petite ville du Vendômois, où son père avait une tannerie de peu d'importance. Jacques Lambert voulait sans doute faire de son fils un tanneur; mais la répugnance de l'enfant pour ce métier désagréable, et les dispositions peu communes qu'il montra de bonne heure pour l'étude changèrent à son égard le bon plaisir paternel. Le tanneur et sa femme, voyant dans l'état ecclésiastique un moyen de sauver leur fils de la conscription, l'envoyèrent, en 1807, chez son oncle maternel, qui était curé à Mer, autre petite ville, située sur la Loire, près de Blois.

A cette époque, Louis avait dix ans, et les remplaçans coûtaient déjà trop cher pour que plus tard la fortune de ses parens leur permît d'en acheter un, car déjà les familles retenaient d'avance et payaient des hommes, afin de n'en pas manquer au moment du tirage. Le parti que prirent le père et la mère de Louis satisfaisait donc tout à la fois à sa passion pour la science, à leur désir de le conserver, et son intelligence précoce leur donnait en outre l'espoir de lui voir faire une grande fortune dans l'église.

Après être resté pendant environ trois ans chez son oncle, vieil oratorien assez instruit, Louis Lambert en sortit au commencement de 1811, pour entrer au collége de Vendôme, où il fut mis et entretenu aux frais de madame de Staël.

Lambert dut la protection de cette femme célèbre au hasard ou à la Providence qui prend presque toujours soin des artistes dans leur dénuement ou pendant leur enfance. Mais ces vicissitudes, dont la vie des grands hommes nous offre tant d'exemples, ne sont peut-être que le résultat d'un phénomène tout physique; et peut-être, la rencontre, parmi la foule, d'une jeune intelligence pleine d'avenir produit-elle aux sens exercés des connaisseurs, un effet analogue à celui que font les belles et fortes plantes qui attirent les yeux d'un botaniste en s'élevant dans une prairie au-dessus de toutes les autres.

Cette comparaison peut au moins s'appliquer à l'aventure de Louis Lambert. Il venait ordinairement passer chez son père le temps que son oncle lui accordait pour ses vacances; mais au lieu de s'y livrer, selon l'habitude des écoliers, aux douceurs de ce bon *far niente* dont nous sommes assez avides à tout âge, il emportait, dès le matin, du pain et des livres, puis s'en allait lire et méditer au fond des bois sans craindre d'être distrait par sa mère, à laquelle une étude aussi constante paraissait dangereuse : admirable instinct de mère!...

Dès ce temps, la lecture était chez Louis une espèce d'appétit moral que rien ne pouvait assouvir. Dévorant les livres de tout genre, il se repaissait indistinctement d'œuvres religieuses, d'histoire, de philosophie, de physique. Il m'a dit avoir, à cette époque, éprouvé d'incroyables délices en lisant des dictionnaires, à défaut d'autres ouvrages ; et je l'ai cru volontiers, car j'ai souvent trouvé moi-même du plaisir à chercher le sens probable d'un substantif inconnu.

L'analyse d'un mot, sa physionomie, son histoire, étaient, pour lui, les clés d'une longue rêverie ; mais ce n'était pas cette rêverie instinctive par laquelle un enfant s'habitue aux phénomènes de la vie, s'enhardit aux perceptions morales ou physiques, culture involontaire qui, plus tard, porte ses fruits en se développant par l'entendement ou par le caractère. Louis embrassait le fait, l'expliquait, en recherchait tout à la fois la cause et la fin avec une perspicacité sagace. Aussi pouvait-il, dès l'âge de quatorze ans, par un de ces jeux effrayans que la nature se plaît parfois à produire, émettre des idées dont je n'ai que long-temps après entièrement saisi la profondeur, et qui attestent la vérité de son existence tout anormale.

— J'ai souvent fait, me dit-il plus tard en me parlant de ses lectures, de délicieux voyages, embarqué dans un mot sur les abîmes du passé, comme un insecte flottant sur un fleuve dans une coquille. Je partais de la Grèce, arrivais à Rome et traversais l'étendue des âges modernes! — Quel beau livre ne composerait-on pas en racontant la vie et les aventures d'un mot! Sans doute il a reçu diverses impressions des événemens auxquels il a servi; puis, selon les lieux, il a réveillé des idées différentes; mais n'est-il pas plus grand encore à considérer sous le triple aspect du corps, de l'âme et de la vie? A le regarder en lui-même, abstraction faite de ses fonctions, de ses effets et de ses actes, n'y a-t-il pas de quoi tomber dans un océan de réflexions?... La plupart des mots ne sont-ils pas teints de l'idée qu'ils sont destinés à représenter? A quel génie sont-ils dus?... S'il faut une grande intelligence pour créer un mot, de quelle antiquité sacrée la parole humaine ne procède-t-elle pas?... L'assemblage des lettres, leurs formes, le dessin qu'elles figurent dans un mot, prototypent admirablement bien, en tout pays, l'être inconnu dont il est le portrait. N'y a-t-il pas, dans le mot *vrai*, une sorte de rectitude fantastique; et, dans le son bref qu'il fait rendre, une vague image de la nudité, de la simplicité chaste du vrai en toute chose? Il y a je ne sais quelle fraîcheur dans ce mot!... J'ai pris pour exemple la formule d'une idée abstraite, ne voulant pas expliquer le problème par un mot où il soit aussi naïvement compréhensible que dans celui de *tourniquet*, où tout parle aux sens. N'en est-il pas ainsi pour chaque verbe? Tous sont empreints d'un vivant pouvoir qu'ils tiennent de l'âme, et qu'ils lui restituent par les mystères d'une action et d'une réaction merveilleuses entre la parole et la pensée.... On dirait un amant qui puise sur les lèvres de sa maîtresse autant d'amour qu'il en communique. — Par leur seule physionomie, par la vision de la lecture, les mots réveillent dans notre cerveau les créatures dont ils sont les fantômes, le vêtement, le fourreau..... Comme tous les êtres, ils n'ont qu'une place où leurs propriétés puissent pleinement agir et se développer... Mais pour épuiser ce sujet, il faudrait créer une science, peut-être....

Et il haussait les épaules comme pour me dire :

— Nous sommes bien grands et bien petits!....

Du reste, la passion de Louis pour la lecture avait été fort bien servie. Le curé de Mer possédait environ deux à trois mille volumes. Ce trésor bibliographique lui avait peu coûté, car il provenait des pillages faits pendant la révolution dans les abbayes et les châteaux voisins. Or, le bonhomme, en sa qualité de prêtre assermenté, avait pu choisir, pour un morceau de pain, suivant son expression, les meilleurs ouvrages parmi les collections précieuses qui furent alors vendues au poids et à vil prix.

En trois ans, Louis Lambert s'était assimilé la substance de tous les livres qui, dans la bibliothèque de son oncle, méritaient la peine d'être lus.

L'absorption des idées par la lecture était devenue chez lui un phénomène curieux. Il embrassait sept à huit lignes d'un seul coup d'œil, et son esprit en appréhendait le sens avec une vélocité égale à celle du regard. Souvent même un seul mot dans la phrase suffisait pour lui en faire saisir la pensée. Sa mémoire était prodigieuse. Il se souvenait avec une même fidélité des idées acquises par la lecture ou de celles que la réflexion ou la conversation lui avaient suggérées; enfin, il avait la mémoire des lieux, des noms, des mots, des choses et des figures. Non seulement il se rappelait les objets à volonté, mais il les revoyait en lui-même, disposés, éclairés, colorés, entourés comme ils l'étaient au moment où il les avait vus.

Cette puissance de vision s'appliquait également aux idées, car il se souvenait, suivant son expression, du *gisement* des pensées dans le livre où il les avait prises, et de ses propres dispositions d'âme à des époques éloignées. Alors, par un privilége inouï, sa mémoire pouvait lui retracer les progrès de son intelligence, et la vie entière de son esprit, depuis l'idée la plus anciennement acquise jusqu'à la dernière éclose, depuis la plus confuse jusqu'à la plus lucide. Son âme, habituée, jeune encore, au mécanisme si difficile de la concentration intérieure des forces humaines, tirait de ce riche dépôt une foule d'images admirables de réalité, de fraîcheur, dont il se nourrissait pendant la durée de ses contemplations limpides.

— Quand je le veux, me disait-il dans son langage, auquel les trésors de sa mémoire communiquaient une sorte d'originalité précoce, je tire un voile sur mes yeux; soudain, je rentre en moi-même, et j'y trouve une chambre noire où tous les accidens de la nature viennent se reproduire dans une forme plus pure que celle dont ils paraissent revêtus à mes sens extérieurs.

A l'âge de douze ans, son imagination, stimulée par le perpétuel exercice de toutes ses facultés mentales, s'était développée au point de lui permettre d'avoir des idées si exactes sur les choses dont il prenait connaissance par la lecture seulement, que l'image imprimée dans son âme n'eût pas été plus vive, s'il les avait réellement vues; soit qu'il procédât par analogie, soit qu'il fût doué d'une espèce de seconde vue par laquelle il embrassait la nature.

Quand il employait ainsi toutes ses forces dans une lecture, il perdait en quelque sorte la conscience de sa vie physique, et n'existait que par le jeu tout-puissant de ses organes intérieurs, dont il avait constamment étendu la portée, faisant, suivant son expression, *reculer l'espace devant lui*. Mais je ne veux pas anticiper sur les phases intellectuelles de sa vie; et j'ai déjà, malgré moi, interverti l'ordre dans lequel je dois dérouler l'histoire de cet homme qui fut toute pensée, comme un autre est tout action.

Il avait un grand penchant pour les ouvrages mystiques.

— *Abyssus, abyssum*, me disait-il; les abîmes s'attirent. Notre esprit, l'une des choses les plus incompréhensibles, aime l'incompréhensible; et nous sommes tous friands de mystères, sous quelque forme qu'ils se présentent.

Cette prédilection lui fut fatale, s'il est permis, toutefois, de juger sa vie selon les lois ordinaires, et d'apprécier le bonheur d'autrui à la mesure du nôtre, ou suivant les préjugés sociaux. Ce goût pour *les choses du ciel*, autre phrase dont il se servait souvent, ce *mens divinior* était dû peut-être à l'influence exercée sur son esprit par ses premières lectures. Sainte Thérèse et madame Guyon eurent les prémices de son intelligence et l'habituèrent à ces vives réactions de l'âme dont l'extase est tout à la fois le moyen et le résultat. Mais aussi cette étude et ce goût élevèrent son cœur, le purifièrent, l'ennoblirent, lui donnèrent appétit de la nature divine, l'instruisirent des délicatesses presque féminines qui deviennent instinctives chez les grands hommes; car le sublime n'est peut-être que le besoin de dévouement qui distingue la femme, mais transporté dans les grandes choses. Grâce à cette tendance éthérée, Louis resta pur au collége, et cette pureté de sens eut sans doute pour effet d'ameublir sans cesse les hautes facultés de son cerveau.

La baronne de Staël ayant été exilée à quarante lieues de Paris, vint passer quelque temps dans une terre située près de Vendôme. Un jour, en se promenant, elle rencontra, sur la lisière du parc, mon Lambert, presque en haillons, et absorbé par un livre. Or, ce livre était une traduction du *Ciel et de l'Enfer.* A cette époque, messieurs de Saint-Martin, de Gence, et quelques esprits à moitié allemands, étaient à peu près les seules personnes qui, dans l'Empire français, connussent le nom de Swedenborg. Étonnée, madame de Staël prit le livre avec cette brusquerie dont ses interrogations, ses regards, ses gestes, n'étaient pas toujours exempts, et lançant un regard vif à Lambert :

— Est-ce que tu comprends cela?.... lui dit-elle.

— Priez-vous Dieu?... demanda l'enfant.

— Mais..... Oui!... répondit-elle.

— Et le comprenez-vous?...

La baronne resta muette pendant un moment; puis, elle s'assit près de Lambert, et ils causèrent ensemble; mais, malheureusement ma mémoire, quoique fort étendue, est loin d'être aussi fidèle que l'était celle de mon camarade, et j'ai tout oublié de cette conversation, hormis les premiers mots.

Cette rencontre frappa vivement madame de Staël : cependant elle en parla peu, contre son habitude, quand elle fut de retour au château; mais elle en parut fortement préoccupée. La seule personne qui ait pu garder le souvenir de cette aventure vivait alors dans l'intimité de cette illustre femme, et pouvait sympathiser avec sa vaste intelligence; mais quand je questionnai récemment cette personne, afin de recueillir le peu de paroles échappées à madame de Staël, tout ce qu'elle retrouva dans sa mémoire fut ce mot dit par elle à plusieurs reprises en pensant à Lambert :

— *C'est un vrai voyant !*....

Louis n'ayant pas justifié aux yeux des gens du monde les belles espérances qu'il avait fait concevoir à sa protectrice, la prédilection passagère dont il fut l'objet fut considérée comme un caprice de femme, comme une de ces fantaisies particulières aux artistes.

Madame de Staël voulut arracher Louis Lambert à l'Empereur et à l'Église, pour le rendre à la haute destinée qui, disait-elle, l'attendait ; car elle en faisait un nouveau Moïse sauvé des eaux.

Elle chargea donc, avant son départ, l'un de ses amis, M. de Corbigny, alors préfet à Blois, de mettre, en temps utile, son Moïse au collége de Vendôme ; puis, elle l'oublia probablement ; car, entré, à l'âge de quatorze ans, au commencement de 1811, Lambert dut sortir de Vendôme vers la fin de 1814, après avoir achevé sa philosophie ; et je doute qu'il ait jamais reçu pendant ce temps le moindre souvenir de sa bienfaitrice, si toutefois ce fut un bienfait que de payer durant trois années la pension d'un enfant sans songer à son avenir, après l'avoir détourné d'une carrière où peut-être eût-il trouvé le bonheur.

Cependant il est juste de dire que les événemens et le caractère de Louis Lambert peuvent largement absoudre madame de Staël et de son insouciance et de son bienfait.

La personne qu'elle avait choisie pour lui servir d'intermédiaire dans ses relations avec l'enfant, quitta Blois au moment où Lambert sortait du collége, et les événemens politiques qui survinrent justifient assez l'indifférence de ce personnage pour le protégé de la baronne.

Elle n'entendit donc plus parler de son petit Moïse. Or, cent louis donnés à M. de Corbigny, qui, je crois, mourut lui-même en 1811, n'étaient pas une somme assez importante pour suppléer par une mnémotechnie pécuniaire à l'infirmité des souvenirs de madame de Staël, dont l'âme exaltée eut bien des alimens, et dont tous les intérêts furent bien vivement mis en jeu par les révolutions des années 1814 et 1815.

Louis Lambert se trouvait à cette époque et trop pauvre et trop fier pour aller à la recherche de sa bienfaitrice, qui voyageait à travers toute l'Europe; cependant, il vint à pied de Blois à Paris, dans l'intention de la voir, mais il y arriva malheureusement le jour où la baronne mourut. Deux lettres écrites par Lambert étaient restées sans réponse. Le souvenir des bonnes intentions de madame de Staël pour Louis n'est donc resté que dans quelques jeunes mémoires, frappées comme la mienne par le merveilleux de cette histoire.

Il faut même avoir été dans notre collége

pour comprendre et l'effet que produisait ordinairement sur nos esprits enfantins l'annonce d'un *nouveau*, et l'impression particulière que l'aventure toute vendômoise de Lambert devait nous causer.

Ici, quelques renseignemens sur les lois primitives de notre institut, jadis moitié militaire et moitié religieux, deviennent nécessaires pour expliquer parfaitement la nouvelle vie que Lambert allait mener.

Avant la révolution, l'ordre des Oratoriens, voué, comme celui de Jésus, à l'éducation publique, et qui lui succéda dans quelques maisons, possédait plusieurs établissemens provinciaux dont les plus célèbres étaient les colléges de Vendôme, de Tournon, de Laflèche, de Sorrèze, de Pont-le-Voy et de Juilly. Celui de Vendôme élevait comme les autres, je crois, un certain nombre de cadets destinés à servir dans l'armée. L'abolition des corps enseignans influa très peu sur le collége de Vendôme. La première crise passée, le collége recouvra ses bâtimens; quelques oratoriens disséminés aux environs y revinrent, et le rétablirent en lui conservant son ancienne règle, ses habitudes, ses usages et ses mœurs, qui lui donnaient une physionomie à laquelle je n'ai rien pu comparer dans aucun des lycées où je suis allé après ma sortie de Vendôme.

Le collége est situé au milieu de la ville, et sur la petite rivière du Loir, qui en baigne les bâtimens principaux. Il forme une assez vaste enceinte soigneusement close, où sont tous les établissemens nécessaires à une institution de ce genre : une chapelle, un théâtre, une infirmerie, une boulangerie, des jardins, des cours d'eau. Ce collége étant le foyer d'instruction le plus célèbre du centre de la France, se trouve alimenté par plusieurs provinces, et même par nos colonies; en sorte que l'éloignement ne permet pas aux parens de venir voir leurs enfans. Les vacances externes n'étant pas dans la règle, une fois entrés, les élèves ne sortaient du collége qu'à la fin de leurs études.

Sauf les promenades faites extérieurement sous la conduite des Pères, tout avait été calculé pour donner à cette institution les avantages de la discipline conventuelle.

Au temps où j'y fus, le Correcteur était encore un vivant souvenir. La classique férule de cuir y jouait avec honneur son terrible rôle; et les punitions avaient un caractère aussi effrayant pour le moral que pour le physique. Les lettres aux parens étaient obligatoires à certain jour, comme la confession; alors nos péchés, aussi-bien que nos sentimens, se trouvaient ainsi en coupe réglée. Tout portait l'empreinte de l'uniformité monastique. Je me rappelle, entre autres vestiges de l'ancien institut, l'inspection que nous subissions tous les dimanches. Nous étions en grande tenue, rangés militairement; les deux directeurs, suivis des fournisseurs et des maîtres, nous examinaient sous le triple rapport du costume, de l'hygiène et du moral.

Les deux à trois cents élèves que pouvait contenir le collége, étaient divisés, suivant l'ancienne coutume, en quatre sections, nommées : *les Minimes, les Petits, les Moyens* et *les Grands*.

La division des Minimes embrassait les classes désignées sous le nom de *huitième* et *septième*; celle des Petits, la *sixième*, la *cinquième* et la *quatrième*; celle des Moyens, la *troisième* et la *seconde*; enfin celle des Grands, la *rhétorique*, la *philosophie*, les *mathématiques spéciales*, la *physique* et la *chimie*.

Chacun de ces colléges particuliers possédait son bâtiment, ses classes et sa cour, dans un grand terrain commun sur lequel les salles d'étude avaient toutes leur sortie, et aboutissait au réfectoire. Ce réfectoire, digne d'un ancien ordre religieux, était immense et contenait tous les écoliers, qui, contrairement à la règle des autres ordres enseignans, pouvaient parler en mangeant; tolérance chrétienne à laquelle nous devions le bonheur de faire des échanges de plat selon nos goûts.

Si un Moyen placé en tête de sa colonne mangeante préférait une portion de pois rouges à son dessert, car nous avions du dessert, la proposition suivante passait de bouche en bouche : — *Un dessert pour des pois!...* jusqu'à ce qu'un gourmand l'eût acceptée. Alors celui-ci envoyait sa portion de pois, qui allait de main en main jusqu'au demandeur, dont le dessert lui arrivait par la même voie. Jamais il n'y avait d'erreur. Si plusieurs demandes étaient semblables, chacune portait son numéro, et l'on disait : *Premiers pois pour premier dessert.*

Les tables étant extrêmement longues, notre trafic perpétuel mettait tout en mouvement, et nous parlions, nous mangions, nous agissions avec une volubilité sans exemple. Aussi, le parlage de trois cents jeunes gens, les allées et venues des domestiques occupés à changer les assiettes, à servir les plats et à donner le pain, faisaient du réfectoire de Vendôme un spectacle unique en son genre, et qui étonnait toujours les visiteurs.

Mais les Pères, curieux d'adoucir notre vie, privée de toute communication avec le dehors et sevrée des caresses de la famille, nous permettaient d'avoir des pigeons et des jardins. Or, nos deux ou trois cents cabanes, un millier de pigeons nichés autour de notre mur d'enceinte, et une trentaine de jardins, formaient un coup d'œil encore plus curieux que celui de nos repas.

Ce serait à n'en pas finir s'il fallait dire toutes les particularités qui font du collége de Vendôme un établissement à part, et fertile en souvenirs pour ceux dont l'enfance s'y est écoulée. Qui de nous ne se rappelle pas avec délices, malgré les amertumes de la science, les longues promenades dans les bois, la permission de jouer aux cartes et d'établir des représentations théâtrales pendant les vacances, libertés nécessitées par notre vie claustrale; puis notre musique militaire, dernier vestige des cadets, notre académie, notre chapelain, nos pères professeurs ; enfin les jeux particuliers qui nous étaient permis : la cavalerie de nos échasses, les longues glissoires faites en hiver, le sabbat des galoches gauloises, et surtout le commerce introduit par la boutique établie dans l'intérieur de nos cours. Cette boutique était tenue par une espèce de maître Jacques auquel on pouvait tout acheter, depuis la sauce des pigeons que nous avions à tuer, jusqu'à des poteries pour conserver le riz de notre souper pour le déjeuner du lendemain. Ces mœurs enfantines étaient véritablement originales.

Certes, si l'on veut se représenter l'isolement de ce grand collége avec ses bâtimens monastiques, au milieu d'une petite ville, et les quatre parcs dans lesquels nous étions hiérarchiquement contenus, l'on aura une idée de tout l'intérêt que nous offrait l'arrivée d'*un nouveau*. Il était comme un passager survenant dans un vaisseau. Jamais femme nouvellement mariée, et présentée à la cour, n'y fut examinée avec une critique aussi sagace que l'était celle de tous les écoliers de la division envers *le nouveau* qui débarquait.

Ordinairement, pendant la récréation du soir, avant la prière, les flatteurs habitués à causer avec celui des deux Pères chargés de nous garder à tour de rôle par semaine, et qui se trouvait alors en fonctions, entendaient les premiers ces paroles authentiques :

— Vous aurez demain un nouveau !...

Tout à coup ce cri : — Un nouveau !... un nouveau !... retentissait dans les cours ; et nous accourions tous pour nous grouper autour du régent, qui, bientôt, était rudement interrogé.

— D'où venait-il ? comment se nommait-il ? En quelle classe serait-il ?... etc.

Or, l'arrivée de Louis Lambert fut le texte d'un conte digne des *Mille et une Nuits*.

J'étais alors en quatrième chez les Petits. Nous avions pour régens deux hommes auxquels nous donnions par tradition le nom de Pères, quoique ce fussent des séculiers; car, de mon temps, il n'existait plus à Vendôme que quatre véritables Oratoriens auxquels ce titre appartînt légitimement. En 1814, ils quittèrent le collége, qui s'était insensiblement sécularisé, et se réfugièrent auprès des autels, dans des presbytères de campagne, à l'exemple du curé de Mer.

Donc, le Père Haugoult, le régent de semaine, assez bon homme, mais dépourvu de hautes connaissances, manquant même de l'instinct nécessaire pour conduire les enfans et si utile pour en discerner les caractères afin de leur mesurer les punitions suivant leurs forces respectives, le père Haugoult se mit à raconter fort complaisamment les singuliers événemens qui allaient, le lendemain, nous valoir le plus extraordinaire des nouveaux.

Aussitôt, les jeux cessèrent, car tous les Petits arrivèrent en silence, et restèrent occupés à écouter l'aventure de Louis Lambert, trouvé, comme une aérolithe, par madame de Staël au coin d'un bois.

M. Haugoult dut nous expliquer madame

de Staël. Pendant cette soirée, elle me parut avoir dix pieds ! Depuis, j'ai vu le tableau de Corinne, où Gérard l'a représentée si grande et si belle ; mais la femme idéale rêvée par mon imagination lui faisait tant de tort que la véritable madame de Staël a constamment perdu dans mon esprit, même après la lecture de son plus beau livre, celui qui a pour titre : *l'Allemagne*.

Mais alors Lambert fut une bien autre merveille !

M. Mareschal, le directeur des études, avait hésité, d'après l'examen qu'il venait de lui faire subir, à le mettre chez les Grands ; néanmoins, la faiblesse de Louis en latin l'avait décidé à le ranger en quatrième, sauf à lui faire sauter une classe chaque année.

Par exception, il devait être, disait-on, de l'académie !... *Proh pudor!* nous allions avoir l'honneur de compter parmi les Petits un habit décoré du ruban rouge que portaient les académiciens de Vendôme. Aux académiciens appartenaient de brillans priviléges : ils dînaient souvent à la table du directeur, tenaient par an deux séances littéraires, auxquelles nous assistions avec enthousiasme pour entendre leurs œuvres; enfin, un académicien était un petit grand homme. Si chaque Vendômois veut être franc, il avouera que, plus tard, un véritable académicien de la véritable Académie française, lui a paru bien moins étonnant que ne l'était l'enfant gigantesque illustré par la croix et par le prestigieux ruban rouge, insignes de notre académie.

Or, pour comprendre l'importance de cet honneur, il faut savoir qu'il était bien difficile d'appartenir à ce corps glorieux avant d'être parvenu en seconde, puisque les académiciens étaient obligés de nous lire des contes en vers ou en prose, des morceaux littéraires, des épîtres, des traités, des tragédies, des comédies, compositions interdites à l'intelligence des classes secondaires.

J'ai long-temps gardé le souvenir d'un conte intitulé l'*Ane vert*, qui, je crois, est l'œuvre la plus saillante de cette académie inconnue.

Un quatrième être de l'académie !... un enfant de quatorze ans, déjà poète, aimé de madame de Staël !... un grand génie, nous disait le Père Haugoult, un prophète, un devin, un gars capable de faire un thème ou une version pendant qu'on nous appellerait en classe, et d'apprendre ses leçons en les lisant une seule fois. Louis Lambert confondait toutes nos idées. Puis, la curiosité du Père Haugoult, l'impatience qu'il témoignait de voir le nouveau, attisaient encore nos imaginations enflammées.

—S'il a des pigeons, il n'aura pas de cabane!... il n'y a plus de place!... Tant pis!... disait l'un de nous qui, depuis, a été grand agriculteur.

—Auprès de qui sera-t-il?... demandait un autre.

—Oh! que je voudrais être *son faisant!* s'écriait un exalté.

Être faisans constituait, dans notre langage *oratorien*, un idiotisme assez difficile à traduire Ce mot exprimait un partage fraternel des biens et des maux de la vie collégienne, une promiscuité d'intérêts, fertile en brouilles et en raccommodemens, un pacte d'alliance offensive et défensive. Chose bizarre! jamais, de mon temps, je n'ai connu de frères qui fussent *faisans*.

L'impression que fit sur moi la conversation du Père Haugoult pendant cette soirée est une des plus vives de mon enfance, et je ne puis la comparer qu'à la lecture de *Robinson Crusoé*. Je dus, même plus tard, au souvenir de ces sensations prodigieuses, une observation peut-être neuve sur les différens effets que produisent les mots sur chaque entendement. Le mot n'a rien d'absolu. Nous agissons plus sur lui qu'il n'agit sur nous; sa force est en raison des images que nous avons acquises et que nous groupons autour de lui; mais l'étude de ce phénomène exige de larges développemens, hors de propos ici.

Ne pouvant pas dormir, je causai long-temps avec mon voisin de l'être extraordinaire que nous devions avoir parmi nous le lendemain, et nous eûmes à son sujet une longue discussion. Ce voisin, occupé déjà, comme je l'étais, de questions métaphysiques, déraisonnait souvent avec moi sur Dieu, sur nous et sur la Nature. Il avait des prétentions au pyrrhonisme, et jaloux de soutenir son rôle, il nia les facultés de Lambert, tandis qu'ayant nouvellement lu *les Enfans célèbres,* je l'accablais de preuves en citant le petit Montcalm, Pic de la Mirandole, Pascal, et tous les cerveaux précoces, anomalies célèbres dans l'histoire de l'esprit humain, les prédécesseurs de Lambert.

Alors, j'étais moi-même passionné pour la lecture; et, grâce à l'envie que mon père avait de me voir à l'École Polytechnique, il payait pour moi des leçons particulières de mathématiques. Or, mon répétiteur, étant bibliothécaire du collége, me laissait prendre des livres sans trop regarder ceux que j'emportais de la bibliothèque, endroit où, pendant les récréations, il me faisait venir pour me donner ses leçons. Je crois qu'il était ou peu habile ou fort occupé de quelque grave entreprise, car il me permettait très volontiers de lire pendant le temps des répétitions et travaillait je ne sais à quoi. Donc, en vertu d'un pacte tacitement convenu entre nous deux, je ne me plaignais point de ne rien apprendre, et il se taisait sur mes emprunts de livres.

Cette passion précoce me faisait négliger mes études, et m'entraînait à composer des poëmes qui devaient, certes, donner peu d'espérance, si j'en juge par ce vers, devenu célèbre, parmi mes camarades, et qui commençait une épopée sur les Incas :

O Inca ! ô roi infortuné ! etc.

Je fus surnommé le *Poète* en dérision de mes essais. Les moqueries ne me corrigèrent pas, et je continuai mes travaux, malgré l'apologue que me fit un jour M. Mareschal, notre directeur, en me contant les malheurs d'une fauvette qui voulait voler avant d'avoir des ailes, afin sans doute de me guérir d'une manie malheureusement invétérée. Aussi, je fus continuellement puni, je lus toujours, et devins l'écolier le moins agissant, le plus paresseux, le plus contemplatif de la division des Petits.

Cette digression autobiographique doit faire comprendre la nature des réflexions dont je fus assailli à l'arrivée de Lambert. J'avais alors douze ans. J'éprouvai tout d'abord une vague sympathie pour un enfant dont je partageais presque l'idiosyncrase. J'allais donc rencontrer un compagnon de rêverie et de méditation !.... Sans savoir encore ce qu'était la gloire, je trouvais glorieux d'être le camarade d'un enfant dont madame de Staël avait déjà préparé l'immortalité. Louis Lambert me semblait un géant !...

Le lendemain vint enfin. Un moment avant le déjeuner, nous entendîmes dans la cour silencieuse le double pas de M. Mareschal et du nouveau !... Aussitôt toutes les têtes se tournèrent vers la porte de la classe. Le père Haugoult, partageant les tortures de notre curiosité, ne nous fit pas entendre le sifflement par lequel il imposait silence à nos murmures et nous rappelait au travail. Nous vîmes alors ce fameux nouveau que M. Mareschal tenait par la main. Le régent descendit de sa chaire, et le directeur lui dit solennellement, suivant l'étiquette :

— Monsieur, je vous amène Louis Lambert. Vous le mettrez avec les quatrièmes ; il entrera en classe demain.

Puis, après avoir causé à voix basse avec le régent, il dit tout haut :

— Où allez-vous le placer ?...

Il eût été fort injuste de déranger l'un de nous pour le nouveau, et comme il n'y avait plus qu'un seul pupitre de libre, Louis Lambert vint l'occuper, près de moi, qui étais le dernier entré dans la classe.

Tout le monde s'étant levé pour examiner Lambert, malgré le temps que nous avions encore à rester en étude, M. Mareschal entendit nos colloques; et nous voyant en insurrection, il nous dit :

— Au moins, ne faites pas trop de bruit; il ne faut pas déranger les autres classes.

Ces paroles nous mirent en récréation quelque temps avant l'heure du déjeuner, et nous vînmes tous environner Lambert, pendant que M. Mareschal se promenait dans la cour avec le père Haugoult.

Nous étions environ quatre-vingts diables, hardis comme des oiseaux de proie. Quoique nous eussions tous passé par le cruel moment de cette espèce de noviciat, nous ne faisions jamais grâce à un nouveau des rires moqueurs, des interrogations, des impertinences qui se succédaient en semblable occurrence, à la grande honte du nouveau, dont on essayait ainsi les mœurs, la force et le caractère.

Lambert, ou calme ou abasourdi, ne répondit à aucune de nos questions. Alors, l'un de nous ayant dit qu'il venait sans doute de l'école de Pythagore, un rire général éclata. Le nouveau fut surnommé *Pythagore*, pour toute sa vie de collégien. Cependant le regard perçant de Lambert, le dédain peint sur sa figure pour nos enfantillages en désaccord avec la nature de son esprit, l'attitude aisée dans laquelle il restait, sa force apparente en harmonie avec son âge, imprimèrent un certain respect aux plus mauvais sujets d'entre nous. Quant à moi, j'étais près de lui, tout occupé à l'examiner, sans rien dire.

Louis Lambert était un enfant maigre et fluet, haut de quatre pieds et demi; mais sa figure hâlée, ses mains brunies par le soleil, paraissaient accuser une vigueur musculaire que, néanmoins, il n'avait pas à l'état normal. Aussi, deux mois après son entrée au collége, quand le séjour de la classe lui eut fait perdre sa coloration presque végétale, nous le vîmes devenir pâle et blanc comme une femme. Sa tête était d'une grosseur remarquable. Ses cheveux, d'un beau noir et bouclés naturellement, donnaient une grâce indicible à son front, dont les dimensions avaient quelque chose d'extraordinaire même pour nous, fort insoucians, comme on peut le croire, des pronostics de la cranologie. La beauté de ce front prophétique provenait surtout de la coupe extrêmement pure des deux arcades sous lesquels brillaient ses yeux noirs, et qui semblaient taillées dans de l'albâtre; leurs lignes, attrait assez rare, se trouvaient d'un parallélisme parfait en se rejoignant à la naissance du nez. Mais il était difficile de songer à sa figure, assez irrégulière du reste, en voyant ses yeux, dont le regard possédait une étonnante variété d'expression. Tantôt clair et pénétrant à effrayer, tantôt d'une douceur angélique, ce regard devenait terne et sans couleur, pour ainsi dire, dans les momens où il se livrait à ses contemplations; alors son œil ressemblait à une vitre d'où le soleil se serait retiré. Il en était de sa force, toute nerveuse, et de son flexible organe comme de son regard : même mobilité, mêmes caprices. Sa voix se faisait douce comme la voix harmonieuse qui prononce un mot d'amour, au matin, dans un lit voluptueux; puis, elle était parfois pénible, incorrecte, raboteuse, s'il est permis d'employer ces mots, pour peindre des effets nouveaux. Quant à sa force habituelle, il était incapable de supporter la fatigue des moindres jeux. Il semblait évidemment débile, infirme presque; mais, pendant la première année de son séjour, un de nos matadors s'étant moqué de cette extrême délicatesse qui le rendait impropre aux exercices violens en vogue dans le collége, Lambert prit de ses deux mains, et par le bout, une de nos tables qui contenait douze pupitres d'écoliers encastrés sur deux rangs et en dos d'âne; puis, s'appuyant à la chaire du régent et retenant la table par ses pieds, qu'il plaça sur la traverse d'en bas :

— Mettez-vous dix, et essayez de la faire bouger?... dit-il.

J'étais là, je fus témoin de ce singulier témoignage de force. Il fut impossible de lui arracher la table. Il semblait avoir le don d'appeler à lui, dans certains momens, des pouvoirs extraordinaires, ou de rassembler toutes ses forces sur un point donné.

Mais les hommes et les enfans étant habitués à juger de tout d'après les premières impressions qu'ils reçoivent, Louis ne fut étudié par les écoliers et par les maîtres que pendant les premiers jours de son arrivée. Alors, il démentit entièrement les prédictions de madame de Staël, en ne réalisant aucun des prodiges que nous attendions de lui. Puis, après un trimestre d'épreuves, il passa pour un écolier très ordinaire. Je fus donc seul admis à pénétrer dans cette âme sublime, et pourquoi ne dirai-je pas divine? Qu'y a-t-il de plus proche de Dieu que le génie dans un cœur d'enfant?....

La conformité de nos goûts et de nos pensées nous rendit amis et *faisans*. Notre fraternité devint si grande qu'on accola nos deux noms. L'un ne se prononçait pas sans l'autre; et, pour appeler l'un de nous, l'on disait toujours *le Poète-et-Pythagore*. C'était une mode de collége, une fantaisie qui ne s'appliquait pas seulement à nous deux, car il existait d'autres noms qui offraient l'exemple d'un semblable mariage.

Je demeurai ainsi pendant deux ans l'ami de collége du pauvre Louis Lambert; et durant ces deux années, ma vie se trouva assez intimement unie à la sienne pour qu'il me soit possible aujourd'hui d'en écrire l'histoire intellectuelle.

J'ai long-temps ignoré la poésie et toutes les richesses cachées dans le cœur et sous le front de mon camarade. Il a fallu que j'arrivasse à trente ans; que mes observations se soient mûries et condensées; qu'un jet de lumière les ait même encore éclairées pour que je pusse comprendre toute la portée des phénomènes dont j'ai été le témoin ignorant; j'en ai joui sans m'en expliquer la grandeur ou le mécanisme; j'en ai même oublié quelques uns et ne me souviens que des plus saillans. Mais aujourd'hui, ma mémoire les a coordonnés, et je me suis initié à tous les secrets de cette belle intelligence en me reportant aux jours délicieux de notre jeune amitié. Le temps devait donc seul me faire pénétrer le sens des événemens et des faits qui abondent en cette vie inconnue, comme en celle de tant d'autres hommes perdus pour la science. Aussi cette Notice biographique est-elle, dans l'expression et l'appréciation des choses, pleine d'anachronismes purement moraux qui, je crois, ne nuiront point à son genre d'intérêt.

Pendant les premiers mois de son séjour à Vendôme, Louis devint la proie d'une maladie dont les symptômes furent imperceptibles à l'œil de nos surveillans, et qui dut nécessairement annuler ses hautes facultés. Accoutumé au grand air, à l'indépendance d'une éducation particulière, à la douceur d'un vieillard dont il était aimé; habitué à penser sous le soleil, il devait difficilement se faire à la règle du collége, à marcher dans le rang, à vivre entre les quatre murs d'une salle où quatre-vingts jeunes gens étaient tous silencieux, assis sur un banc de bois, à quatre tables, chacun devant un pupitre. Ses sens avaient une perfection qui leur donnait une délicatesse exquise, et tout souffrit chez lui de cette vie en commun. Les exhalaisons masculines par lesquelles l'air était corrompu, mêlées à la senteur d'une classe toujours sale et encombrée des débris de nos déjeuners ou de nos goûters, affectèrent son odorat, ce sens qui, tissu pour ainsi dire aussi fortement que les autres avec le système nerveux, doit causer, par ses altérations, de grands ébranlemens à la pensée, en la mettant immédiatement en contact avec les choses extérieures. Or, outre ces causes de corruption atmosphérique, il y avait dans nos salles d'étude des baraques où chacun mettait son butin; et j'y ai souvent vu des pigeons tués pour les jours de fête, ou des mets dérobés au réfectoire. Enfin, nos salles contenaient encore deux pierres immenses où se trouvaient en tout temps deux seaux pleins d'eau, espèce d'abreuvoir où nous allions tous les matins nous débarbouiller le visage et nous laver les mains, à tour de rôle, en présence du maître; et, de là, nous passions à une table où des femmes nous peignaient et nous poudraient. Quelque vaste que fût notre local, comme il n'était nettoyé qu'une fois par jour, le matin, avant notre réveil, il est facile d'imaginer tout ce que répandaient de vicieux dans l'air les émanations du lavoir, la peignerie, la baraque, les mille industries de chaque écolier, sans compter nos quatre-vingts corps entassés. Tout cela, mêlé à la boue que nous rapportions des cours, formait un fumier d'une puanteur insupportable.

La privation de l'air pur et parfumé des campagnes et des bois dans lequel il avait jusqu'alors vécu, le changement de ses habitudes, la discipline, tout contrista donc Lambert. La tête toujours appuyée sur sa main gauche, dont il accoudait le bras sur son pupitre, il passait les heures d'étude à regarder dans la cour le feuillage des arbres ou le ciel. Il semblait étudier ses leçons ; mais le père Haugoult ou son confrère voyant la plume ou la page de Louis immobile, lui criait :

— Vous ne faites rien, Lambert !...

Ce : — *Vous ne faites rien !....* lancé comme un coup d'épingle par des hommes dont l'intelligence et l'instruction étaient loin de pouvoir se comparer à la sienne, le blessait au cœur, et, parfois, un léger mouvement d'humeur trahissait sa souffrance. Alors le père Haugoult de riposter par l'application d'un *pensum*. Le pensum, punition dont le genre varie selon les coutumes de chaque collége, consistait à Vendôme en un certain nombre de lignes que nous étions obligés de copier pendant les heures de récréation. Nous étions, Lambert et moi, si accablés de pensum, que nous n'avons pas eu six jours de liberté durant nos deux années d'amitié. Aussi, sans les livres que nous tirions de la bibliothéque, ce système d'existence nous eût menés à un abrutissement complet.

Nous nous attirions des pensum de mille manières.

Notre mémoire était si belle, que nous n'apprenions jamais nos leçons. Nous écoutions les autres, et l'audition la plus légère nous suffisait pour répéter après eux le morceau de français, de latin, ou de grammaire quand venait notre tour de le réciter. Mais si, par malheur, l'un de nous était interrogé le premier de tous, il ignorait même en quoi consistait la leçon qu'on lui demandait; alors le pensum arrivait malgré les excuses habiles que nous savions trouver à notre paresse.

Enfin, nous attendions toujours au dernier moment pour faire nos devoirs. Avions-nous un livre à finir ? Étions-nous plongés dans une rêverie ? le devoir était oublié : nouvelle source de pensum !

Que de fois nos versions furent écrites pendant le temps que *le premier* chargé de les recueillir en entrant en classe, mettait à demander à chacun la sienne !...

Notre indépendance, nos occupations artistiques, notre fainéantise apparente, l'engourdissement dans lequel nous restions, nos punitions constantes, notre répugnance à faire des pensum, nous firent passer tous deux pour des enfans incorrigibles, lâches, paresseux, et nos maîtres nous méprisèrent. Or, comme aux jours d'amnistie nous ne savions ni jouer à la balle, ni courir, ni monter sur les échasses, nous étions également dans le plus affreux discrédit auprès de nos camarades, auxquels nous dérobions le secret de nos études exceptionnelles, en craignant leurs moqueries. Nous vivions donc exactement comme deux rats tapis dans le coin de classe où étaient nos pupitres, également retenus là durant les heures d'étude et pendant celles des récréations. Cette situation nous mit en état de guerre avec tout le monde.

Nous excitions la pitié des uns, la haine des autres, et nous leur répondions par un mépris qui, souvent, fit rouer de coups le Poète-et-Pythagore.

La nostalgie de Lambert dura trois mois. Je ne sais rien qui puisse peindre la mélancolie à laquelle il fut en proie. Louis m'a gâté bien des chefs-d'œuvre.... Nous avions été tous deux le *Lépreux de la Vallée d'Aoste*, et nous avions éprouvé les sentimens exprimés dans le livre de M. de Maistre, avant que je le lusse. Or, un ouvrage peut retracer les souvenirs de l'enfance, mais il ne luttera jamais contre eux avec avantage. Les soupirs de Lambert m'ont appris des pages bien plus éloquentes que ne le sont celles de *René*; mais aussi, peut-être, n'y a-t-il pas de comparaison entre les souffrances que cause une passion réprouvée à tort ou à raison par nos lois, et les douleurs d'un pauvre enfant aspirant après la splendeur du soleil, la rosée des vallons et la liberté. René n'est que l'esclave d'un désir, Louis Lambert était tout une âme esclave. A talent égal, le sentiment le plus touchant ou fondé sur les désirs les plus vrais, parce qu'ils sont les plus purs, doit

effacer les lamentations factices du génie.
Après être resté long-temps à contempler le
feuillage d'un des tilleuls de la cour, Louis
ne me disait qu'un mot, mais ce mot annonçait une immense rêverie.

— Heureusement pour moi, s'écria-t-il
un jour, il se rencontre de bons momens
pendant lesquels il me semble que les murs
de la classe sont tombés, et que je suis ailleurs, dans les champs ! Quel plaisir de se
laisser aller au cours de sa pensée, comme
un oiseau à toute la portée de son vol !...

—Pourquoi la couleur verte est-elle si pro-
diguée dans la nature ? me demandait-il.
Pourquoi y existe-t-il si peu de lignes droites?...
Pourquoi l'homme dans ses œuvres emploie-
t-il si rarement les courbes ?...

Ces paroles trahissaient une longue course
faite à travers les espaces. Certes, il avait
revu des paysages entiers, et respiré le parfum des forêts. Il était, vivante et sublime
élégie, toujours silencieux, résigné ; toujours souffrant sans pouvoir dire : — Je
souffre !...

Il lui fallait le monde pour pâture, et cet aigle se trouvait entre quatre murailles étroites et sales.

Sa vie était, dans la plus large acception de ce terme, une vie idéale. Méprisant les études presque inutiles auxquelles nous étions condamnés, il marchait dans sa route aérienne en se détachant complétement des choses qui nous entouraient. Obéissant au besoin d'imitation qui domine les enfans, je tâchais de conformer ma vie à la sienne; alors il me communiqua d'autant mieux sa passion pour l'espèce de sommeil dans lequel les contemplations profondes plongent le corps que j'étais plus jeune et plus impressible; aussi, nous nous habituâmes, comme deux amans, à penser ensemble, et à nous communiquer toutes nos rêveries.

Déjà, ses sensations intuitives avaient cette *acutesse* qui doit appartenir aux perceptions intellectuelles des grands poètes et les faire souvent approcher de la folie.

— Sens-tu, comme moi, me demanda-t-il un jour, s'accomplir en toi, malgré toi, de fantasques souffrances ?.... Si, par exemple, je pense vivement à l'effet que produirait la lame de mon canif en entrant dans mon doigt, j'y ressens tout à coup une douleur aiguë comme si je m'étais réellement coupé : il n'y a de moins que le sang..... Mais cette sensation arrive et me surprend comme un bruit soudain qui troublerait un profond silence. Une idée, causer des souffrances physiques ?....

Quand il exprimait des réflexions si ténues, nous tombions tous deux dans une rêverie naïve, nous mettant à rechercher en nous les indescriptibles phénomènes relatifs à la génération de la pensée dont il espérait saisir les moindres développemens, et pouvoir décrire un jour l'appareil inconnu. Puis, après ces discussions, souvent mêlées d'enfantillage, un regard jaillissait des yeux flamboyans de Lambert; il me serrait la main, et il sortait de son âme un mot par lequel il tâchait de se résumer.

— Penser, c'est voir !... me dit-il un jour, emporté par une de mes objections sur le principe de notre animation.

Il était spiritualiste ; et moi, d'après ses observations, je m'obstinais à considérer l'intelligence comme un produit tout physique.

Ses études sur la substance de la pensée lui faisaient accepter avec une sorte d'orgueil la vie de privations à laquelle nous condamnaient et notre paresse et notre dédain pour nos devoirs. Nous avions une certaine conscience de notre valeur qui nous soutenait dans nos élucubrations. Avec quelle douceur nous sentions nos deux âmes agir l'une sur l'autre ! Que de fois nous sommes restés assis sur notre banc, occupés tous deux à lire un livre, nous oubliant réciproquement sans nous quitter, mais nous sachant tous deux là, plongés dans un océan d'idées comme deux poissons qui nagent dans les mêmes eaux !... Notre vie était donc toute végétative en apparence, mais nous existions par le cœur et par le cerveau. Nos sentimens, nos pensées, étaient, pour nous, de grands événemens.

Lambert exerça sur mon imagination une influence dont je me ressens encore aujourd'hui. J'écoutais avidement ses récits empreints du merveilleux qui fait dévorer avec tant de délices, aux hommes et aux enfans, tous les contes où le vrai affecte les formes les plus absurdes. Sa passion pour les mystères et la crédulité naturelle au jeune âge nous entraînaient souvent à parler du ciel et de l'enfer. Louis tâchait, en m'expliquant Swedenborg, de me faire partager ses croyances relatives aux anges. Ses raisonnemens les plus faux contenaient toujours des observations étonnantes sur la puissance de l'homme. Ses inventions romanesques sur la destinée humaine étaient de nature à caresser le penchant qui porte les imaginations vierges à s'abandonner aux superstitions. N'est-ce pas pendant leur jeunesse que les peuples enfantent leurs dogmes et leurs idoles?... Et les êtres surnaturels sous lesquels ils tremblent ne sont-ils pas la personnification de leurs sentimens agrandis?....

Ce qui me reste aujourd'hui dans la mémoire des conversations pleines de poésie que nous eûmes, Lambert et moi, sur le baron suédois, dont j'ai lu depuis les œuvres par curiosité, peut se réduire à ce précis.

Il existerait en nous deux créatures distinctes ; et, selon Swedenborg, l'ange est celui chez lequel l'être intérieur réussit à triompher de l'être extérieur. Un homme veut-il obéir à sa vocation d'ange?... Dès que la pensée lui démontre sa double existence, il doit tendre à fortifier la frêle et exquise nature de l'ange qui est en nous. Si, n'ayant pas une vue lucide de sa destinée, il s'adonne à l'action corporelle au lieu d'exercer sa vie intellectuelle, toutes ses forces passent dans le jeu de ses sens extérieurs, et l'ange périt lentement par cette matérialisation des deux natures. Dans le cas contraire, s'il nourrit son intérieur des choses qui lui sont propres, l'âme l'emporte sur la matière, et tâche à s'en séparer. Alors, quand la séparation arrive sous cette forme que nous appelons *la mort*, l'ange, assez puissant pour se dégager de son enveloppe, demeure, et commence sa vraie vie. Les différences infinies qui sont entre les hommes ne peuvent s'expliquer que par cette double existence : elles la font comprendre et la démontrent. En effet, la distance qui existe entre un homme dont l'intelligence inerte le condamne à une apparente stupidité et celui que sa vue intérieure a doué d'une force quelconque, doit nous faire supposer qu'il peut y avoir entre les gens de génie et d'autres êtres la même distance qui sépare les hommes stupides des hommes voyans. Tous habitent ici-bas des sphères dont les langages sont étrangers les uns aux autres. Le livre de Swedenborg est l'ouvrage d'un esprit lucide qui a enregistré les innombrables phénomènes par lesquels un ange se révèle au milieu des hommes.

Cette doctrine que je m'efforce aujourd'hui de résumer en lui donnant un sens logique, m'était présentée par Lambert avec toutes les séductions du mystère, enveloppée dans les langes de la phraséologie particulière aux mystagogues, diction obscure, pleine d'abstractions, et si active sur le cerveau, qu'il y a certains livres de Jacob Bœhm, de Swedenborg ou de madame Guyon, dont la lecture produit dans le cerveau des fantaisies aussi exorbitantes que celles de l'opium.

Lambert me racontait des faits mystiques tellement étranges, ils frappaient mon imagination si vivement, qu'ils me donnaient des vertiges, et me plongeaient dans ce monde mystérieux, invisible aux sens où nous aimons tous à vivre, soit que nous nous le représentions sous la forme indéfinie de l'avenir, ou par les images indécises de la fable. Ces réactions violentes de l'âme sur elle-même m'instruisaient à mon insu de sa force, et m'habituaient aux travaux de la pensée.

Quant à Lambert, il expliquait tout par son système sur les anges. Pour lui, l'amour pur, l'amour comme on le rêve au jeune âge, était la collision de deux natures angéliques. Aussi, rien n'égalait l'ardeur avec laquelle il désirait rencontrer un ange-femme; mais il était bien digne d'inspirer et de ressentir l'amour.

Si quelque chose pouvait donner l'idée d'une exquise sensibilité, c'était, certes, le naturel aimable et bon empreint dans ses sentimens, dans ses paroles, ses actions et ses moindres gestes, enfin dans la conjugalité qui nous liait l'un à l'autre, et que nous exprimions en nous disant : *Faisans*. Il n'y avait aucune distinction entre les choses qui venaient ou de lui ou de moi. Nous contrefaisions mutuellement nos deux écritures, afin que l'un pût faire, à lui seul, les devoirs de tous deux; et alors, quand l'un de nous avait à achever un livre qu'il était nécessaire de rendre à mon maître de mathématiques, nous pouvions lire sans interruption, l'un de nous brochant la tâche et les pensum de l'autre. Nous nous acquittions de nos devoirs comme d'un impôt frappé sur notre tranquillité. Souvent ils étaient, si ma mémoire n'est pas infidèle, d'une supériorité remarquable lorsque Lambert les faisait. Mais nous passions, l'un et l'autre, pour deux idiots, et le professeur analysait toujours nos devoirs sous l'empire d'un préjugé fatal; il les réservait même pour en amuser nos camarades. Je me souviens qu'un soir, en finissant la classe qui avait lieu de deux à quatre heures, le maître prit une version de Lambert. Le texte commençait par : *Caius Gracchus, vir nobilis.....* Louis avait traduit ces mots par : *Caïus Gracchus était un noble cœur.*

— Où voyez-vous du cœur dans *nobilis?...* dit brusquement le professeur.

Et tout le monde de rire. Lambert regardait le professeur d'un air hébété.

— Que dirait madame la baronne de Staël en apprenant que vous traduisez par un contresens le mot qui signifie de *race noble, d'origine patricienne* ?

— Elle dirait que vous êtes une bête !... m'écriai-je à voix basse.

— Monsieur le Poète, vous allez vous rendre en prison pour huit jours!... répliqua le professeur, qui malheureusement m'entendit.

Lambert reprit doucement en me jetant un regard d'une inexprimable tendresse :

— *Vir nobilis !...*

Madame de Staël faisait le malheur de Lambert. A tout propos, maîtres et disciples lui jetaient ce nom à la tête, soit en ironie, soit comme un reproche.

Louis ne tarda pas à se faire mettre en prison pour me tenir compagnie. Nous étions bien plus libres en prison que partout ailleurs. Là, nous pouvions causer pendant des journées entières, dans le silence des dortoirs où chaque élève possédait une niche de quatre pieds carrés dont les cloisons étaient garnies de barreaux par le haut, et dont la porte à claire-voie se fermait tous les soirs et s'ouvrait tous les matins sous les yeux d'un Père, qui assistait à notre lever et à notre coucher. Le cric-crac de ces portes, manœuvrées avec une singulière promptitude par les garçons de dortoirs, était encore une des singularités de ce collége.

Ces alcoves ainsi bâties nous servaient de prison, et nous y restions quelquefois enfermés pendant des mois entiers. Les écoliers mis en cage tombaient sous l'œil sévère du *préfet*, espèce de censeur qui venait, à ses heures ou à l'improviste, d'un pas léger, pour savoir si nous causions au lieu de faire nos pensum. Mais les coquilles de noix semées dans les escaliers, ou la délicatesse de notre ouïe, nous permettaient, presque toujours, de prévoir son arrivée; et nous pouvions nous livrer, sans trouble, à nos études chéries. Cependant, la lecture nous étant interdite, les heures de prison étaient toujours consacrées à des discussions métaphysiques, ou au récit de quelques accidens curieux relatifs aux phénomènes de la pensée.

Un des plus extraordinaires est, certes, celui que je vais raconter.

Le dimanche et le jeudi étaient, comme dans tous les colléges, nos deux jours de congé;

mais le dimanche était presque toujours pris par les offices, auxquels nous assistions très exactement. Donc, nous considérions le jeudi comme notre seul jour de bonheur. Une fois la messe entendue, nous avions assez de temps pour faire, dans les campagnes voisines, de longues promenades. Aller au manoir de Rochambeau était l'objet de la plus célèbre de nos excursions. Rarement les Petits faisaient une course aussi fatigante ; néanmoins, une fois ou deux par an, les régens leur proposaient la partie de Rochambeau comme une récompense.

Vers la fin du printemps de 1812, nous dûmes y aller pour la première fois, et le désir de voir le fameux château de Rochambeau, dont le propriétaire donnait quelquefois du laitage aux éleves, les rendit tous sages, et rien n'empêcha la partie.

Louis ne connaissait pas, ni moi non plus, la jolie vallée du Loir, où cette habitation a été construite. Aussi, son imagination et la mienne furent-elles très préoccupées la veille de cette promenade qui causait dans le collége une joie traditionnelle. Nous en parlâmes pendant toute la soirée, en nous promettant d'employer en fruits et en laitage l'argent que nous possédions contrairement aux lois vendômoises. Le lendemain après le dîner nous partîmes, à midi et demi, munis tous d'un morceau de pain presque cubique que l'on nous distribuait d'avance pour notre goûter, et nous marchâmes en troupe vers le célèbre castel avec une ardeur qui ne nous permettait pas de sentir la fatigue.

Quand nous fûmes arrivés sur la colline, d'où nous pouvions apercevoir et le château assis à mi-côte, et la vallée tortueuse où brille la rivière en serpentant dans une prairie artistement découpée par le hasard, admirable paysage, un de ceux auxquels les vives sensations du jeune âge, ou celles de l'amour ont imprimé tant de charme, que, plus tard, il ne faut jamais les aller revoir, Louis Lambert me dit :

— Mais, j'ai vu cela !.... cette nuit, en rêve !....

Il reconnut et le bouquet d'arbres sous lequel nous étions, et la disposition des feuillages, la couleur des eaux, les tourelles du château, les accidens, les lointains, enfin tous les détails du site qu'il voyait pour la première fois. Nous étions bien enfans l'un et l'autre, moi, du moins, qui n'avais que treize ans; car, à quinze ans, Louis pouvait avoir la profondeur d'un homme de génie; mais à cette époque nous étions tous deux incapables de mensonge dans les moindres actes de notre vie d'amitié. D'ailleurs, si Lambert comprenait, par la toute-puissance de sa pensée, l'importance des faits, il était loin d'en apercevoir d'abord l'entière portée, aussi commença-t-il par être étonné de celui-ci. Je lui demandai même s'il n'était pas venu à Rochambeau pendant son enfance; mais, après avoir consulté ses souvenirs, il me répondit négativement.

J'ai rapporté cet événement, d'abord parce que chaque homme peut retrouver dans son existence quelque phénomène de sommeil ou de veille analogue à celui-ci; puis, parce qu'il est véritable et fera comprendre la prodigieuse intelligence de Lambert. En effet, il sut en déduire tout un système, s'emparant, comme fit Cuvier dans un autre ordre de choses, d'un fragment de vie pour reconstruire toute une création.

En ce moment, nous nous assîmes tous deux sous une vieille truisse de chêne ; et, après quelques momens de réflexion, Louis me dit :

— Si le paysage n'est pas venu à moi, ce qu'il serait absurde de penser, je suis donc venu à lui... Si j'étais ici pendant que je dormais dans mon alcove, ce fait ne constitue-t-il pas une séparation complète entre mon corps et mon être intérieur? Ne prouve-t-il pas la faculté locomotive de celui-ci? Or, s'ils ont pu me quitter pendant le sommeil, pourquoi ne les ferais-je pas également divorcer ainsi pendant la veille?

— N'y aurait-il pas toute une science dans ce phénomène?... ajouta-t-il en se frappant fortement le front. S'il n'est pas le principe d'une science, il trahit certainement en l'homme un singulier pouvoir ; il accuse au moins la désunion fréquente de nos deux natures, fait que je pressentais. J'ai donc enfin trouvé un témoignage de la supériorité qui distingue nos sens intérieurs de nos sens apparens!....

— La vue et l'ouïe, dit-il en riant de son expression, ne sont peut-être que les gaînes d'un outil merveilleux!...

En cet instant, comme pendant tous ceux où il m'entretenait du ciel et de l'enfer, mais surtout en disant ces paroles grosses de science, il planait sur le paysage, regardait la nature en maître, son front me paraissait prêt à crever sous l'effort du génie; il était tout intelligence, et ses yeux dardaient la pensée. Sa puissance intellectuelle passait par tous les organes qui semblent destinés à la projeter : sa main levée, ses lèvres tremblantes, son regard brûlant, parlaient et rayonnaient. Enfin, sa tête, comme trop lourde, ou fatiguée par un élan trop violent, retomba sur sa poitrine; cet enfant, ce géant se voûta; puis, me prenant la main et la serrant dans la sienne, qui était chaude, tant il était enfiévré par la recherche de la vérité :

— Je serai célèbre!... me dit-il.

— Mais toi aussi!.... ajouta-t-il vivement. Nous serons les alchimistes de la pensée.

Cœur exquis !... Je reconnaissais sa supériorité ; mais lui se gardait bien de me la faire sentir. Il partageait avec moi les trésors de sa pensée, me comptait pour quelque chose dans ses idées, et me laissait les miennes en propre ; il était gracieux comme une femme qui aime, ayant toutes les pudeurs de sentiment et les délicatesses d'âme qui rendent la vie si bonne et si douce.

Il commença le lendemain même un ouvrage qu'il intitula : *Traité de la Volonté*. Ses réflexions en modifièrent souvent le plan et la méthode ; mais l'événement de cette journée solennelle en fut certes le germe, comme la chute de la poire devint la cause première des découvertes de Newton. Cette soudaine clarté fit prendre des proportions immenses aux idées de Lambert ; il démêla dans ses acquisitions les vérités éparses, et les rassembla ; puis, comme un fondeur, il coula sa statue !....

Après six mois d'un travail assidu, les manuscrits de Lambert ayant excité la curiosité de nos camarades, furent l'objet de quelques plaisanteries cruelles qui devaient avoir une funeste issue. Un jour, l'un de nos persécuteurs, ameutant tous ses partisans, voulant absolument les voir, vint s'emparer violemment d'une cassette où ils étaient déposés. Lambert et moi défendîmes ce trésor avec un courage inouï. La boîte étant fermée, il était impossible à nos agresseurs de l'ouvrir; ils essayaient donc de la briser dans le combat; et, comprenant leur dessein, nous jetions les hauts cris. Quelques camarades, animés d'un esprit de justice et frappés de notre résistance héroïque, conseillaient de nous laisser tranquilles tout en nous accablant de quolibets, lorsque, soudain, le père Haugoult, attiré par le bruit de la bataille, intervint brusquement, et s'enquit de la dispute. Nos adversaires nous ayant distraits de nos pensum, le régent venait défendre ses esclaves. Pour s'excuser, les assaillans révélèrent l'existence des manuscrits; alors, le terrible Haugoult nous ordonna de lui remettre la cassette et de l'ouvrir. Il pouvait la faire briser, si nous résistions; Lambert livra donc la clef; le régent prit les papiers, les feuilleta; puis, les confisqua en disant :

— Voilà donc les bêtises pour lesquelles vous négligez vos devoirs!...

De grosses larmes tombèrent des yeux de Lambert, arrachées autant par la conscience qu'il avait de sa supériorité morale offensée, que par l'insulte gratuite dont nous étions victimes, et par la trahison de nos camarades. Nous lançâmes à nos accusateurs un regard de reproche. Ne nous avaient-ils pas vendus à l'ennemi commun?... Aussi, eurent-ils pendant un moment quelque honte de leur lâcheté. S'ils pouvaient, suivant le *Droit écolier,* nous battre, ils devaient garder le silence sur nos péchés. Nous restâmes tous silencieux. Le père Haugoult vendit probablement le *Traité de la Volonté* à un épicier de Vendôme.

Six mois après cet événement, je quittai le collége; j'ignore donc si Lambert, que notre séparation plongea dans une noire mélancolie, a recommencé son ouvrage.

Ce fut en mémoire de la catastrophe arrivée au livre de Louis que, récemment, dans l'ouvrage par lequel commence la série de ces contes, je me suis servi pour une œuvre fictive du titre réellement inventé par Lambert. Mais cet emprunt n'est pas le seul que je lui ai fait. Son caractère, ses occupations, m'ont été très utiles dans cette composition, dont le sujet est dû à quelque souvenir de nos jeunes méditations. Maintenant cette Notice est destinée à lui élever le seul monument qui puisse attester la vie de celui qui m'a légué tout son bien : sa pensée.

Dans cet ouvrage d'enfant, Lambert déposa des idées d'homme. Dix ans plus tard, en rencontrant quelques savans sérieusement occupés des phénomènes qui nous avaient frappés, et que Lambert analysa si miraculeusement, je compris l'importance de ses travaux, oubliés déjà comme un enfantillage. Je passai donc plusieurs mois à me rappeler les principales découvertes de mon pauvre camarade. Or, après avoir rassemblé mes souvenirs, je puis affirmer que, dès 1812, il avait établi, deviné, discuté, dans son Traité, plusieurs faits importans, dont, me disait-il, les preuves arriveraient tôt ou tard. Ses spéculations philosophiques devraient certes le faire admettre au nombre de ces génies apparus à divers intervalles parmi les hommes pour leur révéler les principes tout nus de quelque science à venir, en un seul mot, qui pousse ses racines dans l'entendement humain. Ainsi, un pauvre artisan, occupé à fouiller les terres pour trouver le secret des émaux, affirmait au seizième siècle, avec toute l'autorité du génie, les faits géologiques dont la démonstration fait aujourd'hui la gloire de Buffon et de Cuvier.

Je crois pouvoir donner une idée du traité de Lambert par les propositions capitales qui en faisaient la base, mais je les dépouillerai, malgré moi, des idées dans lesquelles il les avait enveloppées, et qui en étaient le cortége indispensable; car, marchant dans un autre sentier que le sien, je prenais dans ses recherches celles qui servaient mon système. Je ne sais donc pas si, moi, son disciple, traduirai fidèlement ses pensées, après me les être assimilées de manière à leur donner la couleur des miennes, malheureusement pour lui, peut-être.

Donc, suivant Lambert, la vie humaine consiste en deux mouvemens distincts : l'*Action* et la *Réaction*.

Une de ses phrases expliquera ces deux principes autant qu'il est possible de démontrer brièvement un système vaste :

— Un désir, disait-il, est un fait entièrement accompli par la pensée avant de l'être dans le monde extérieur.

La *Volonté* est le nom qu'il donnait à toute la masse de force par laquelle l'homme peut reproduire au-dehors les faits accomplis déjà par l'*Action*.

Ainsi l'ensemble de nos actes physiques, nos mouvemens, la parole, tout ce qui est extérieur, constitue la *Réaction*.

Ces deux principes usent du même appareil, de l'homme entier ; ils résolvent par leur jeu, auquel Lambert rattachait tous les phénomènes du corps et de la pensée, le problème de notre double vie. Mais nos sens, ayant une double destination, possèdent également une double action, en prenant ici ce mot dans son usage ordinaire. Or, la première de ces actions, participant de toute la supériorité de la pensée qui voit, veut et agit en nous avant toute démonstration corporelle, n'est soumise à aucune des conditions que subit l'action de nos sens extérieurs. En d'autres termes, l'*être actionnel* ou intérieur ne connaît ni le temps ni l'espace qui arrête l'être extérieur et visible sur lequel *réagit* la volonté du premier.

Cette théorie, que je tâche de rendre compréhensible, expliquait parfaitement, selon Louis Lambert, les phénomènes les plus merveilleux de notre merveilleuse nature, les évocations du génie, et celles si contestées des sorcières; toutes lui semblaient être un effet de la faculté locomotrice qu'il avait reconnue dans l'être intérieur, un très simple phénomène de *l'action*.

Accordant aux idées une sorte d'existence, il prétendait que les hommes ne se trompaient pas en disant d'un style qu'il était coloré, nerveux, etc.

L'idée était, selon lui, le produit; et, la pensée, le moyen; comme la *volonté* était la force; et, *la volition*, l'acte par lequel l'homme en usait. Donc la pensée était le mouvement de l'être intérieur; et les idées composaient les actes de sa vie, comme les actions, ceux de l'être extérieur. Un poète était, pour lui, l'appareil habitué à courir à travers la nature pour s'y nourrir d'images, et Napoléon, un appareil habitué à vouloir.

La volonté pouvait, par un mouvement tout contractile de l'être intérieur, s'amasser; et, par un autre mouvement, être projetée au-dehors. Ainsi, la force entière d'un homme pouvait réagir sur les autres, et les pénétrer d'une substance étrangère à la leur, s'ils ne se défendaient pas contre cette agression.

Aussi, pour lui, la volonté, la pensée, étaient des *forces vives*. Il en parlait de manière à vous faire partager ses croyances. Pour lui, ces deux puissances étaient en quelque sorte et visibles et tangibles. Pour lui, la pensée était lente ou prompte, lourde ou agile, claire ou obscure. Il lui donnait toutes les qualités des êtres agissans, la faisait saillir, se reposer, se réveiller, grandir, vieillir, se rétrécir, s'atrophier, s'aviver. Il en surprenait la vie en en spécifiant tous les actes par les bizarreries de notre langage. Il en constatait la spontanéité, la force, les qualités avec une sorte d'intuition de la chose elle-même.

— Souvent au milieu du calme et du silence, me disait-il, lorsque nos facultés intérieures sont endormies, et que nous nous abandonnons à la douceur du repos, qu'il y a des espèces de ténèbres en nous, et que nous tombons dans la contemplation des choses extérieures; tout à coup, une idée s'élance, passe, avec la rapidité de l'éclair, à travers les espaces infinis dont notre cerveau nous donne la perception; puis, cette idée brillante, surgie comme un feu follet, s'éteint sans retour; existence éphémère, pareille à celle de ces enfans qui font connaître aux parens une joie et un chagrin sans bornes; espèce de fleur mort-née dans les champs de la pensée. Parfois aussi l'idée au lieu de jaillir avec force, et de mourir sans consistance, commence à poindre, se balance dans les limbes inconnus des organes où elle naît; elle nous lasse par un long enfantement; puis, elle se développe, elle grandit, elle est féconde, elle est riche et se produit au-dehors dans toute la grâce de la jeunesse et avec tous les attributs d'une longue vie; elle soutient les plus curieux regards, elle les attire, elle les provoque et ne les lasse jamais : l'examen commande l'admiration comme en toutes les œuvres long-temps élaborées. Tantôt les idées naissent par essaim : l'une entraîne l'autre; elles s'enchaînent; toutes sont agaçantes; elles abondent, elles sont folles ; tantôt elles se lèvent pâles, confuses, dépérissant faute de force ou d'alimens; la substance génératrice leur manque. Enfin, à certains jours, elles se précipitent dans les abîmes pour en éclairer les immenses profondeurs; elles nous épouvantent et laissent notre âme abattue. Les idées sont en nous un système complet, semblable à l'un des règnes de la nature, une sorte de floraison dont il serait possible à un homme, à un fou peut-être, de donner l'iconographie. Oui, tout atteste la vie de ces créations ravissantes que je compare à des fleurs, en obéissant à je ne sais quelle révélation de leur nature!... Au reste, leur production comme fin de l'homme, n'est pas plus étonnante que celle des parfums et des couleurs dans la plante. En pensant que la ligne où notre chair finit et où l'ongle commence contient le mystère de cette transformation constante de nos fluides en corne, il faut ne rien reconnaître d'impossible dans les merveilleuses modifications de la substance humaine!.... Enfin, n'y a-t-il pas dans la nature morale des phénomènes de mouvement et de pesanteur semblables à ceux de la nature physique?... L'attente, pour choisir un exemple qui puisse être vivement senti de tout le monde, n'est si douloureuse que par l'effet de la loi en vertu de laquelle le poids d'un corps est multiplié par sa vitesse. La pesanteur du sentiment que produit l'attente ne s'accroît-elle pas par l'addition constante des souffrances passées à la douleur du moment ?

Après l'avoir vu parlant ainsi, vous plongeant son regard dans l'âme comme une lumière, il était difficile de ne pas être ébloui par sa conviction, séduit par ses raisonnemens. Aussi, LA PENSÉE m'apparaissait-elle comme une puissance toute physique, accompagnée de ses innombrables générations. Elle était une nouvelle humanité sous une autre forme.

Ce simple aperçu des lois que Lambert prétendait être la formule de notre intelligence, et par lesquelles il expliquait très logiquement des choses que nous regardons encore comme incompréhensibles, doit suffire pour faire concevoir avec quelle activité cette âme se dévorait elle-même.

Lambert cherchait des preuves à ses principes dans l'histoire des grands hommes dont l'existence, mise à jour par les biographes, fournit des particularités curieuses sur les actes de leur intelligence. Sa mémoire lui ayant permis de se rappeler les faits qui pouvaient servir de développement à ses assertions, il les avait annexés à chacun des chapitres auxquels ils servaient de démonstration, en sorte que plusieurs de ses maximes en acquéraient une certitude presque mathématique.

Les œuvres de Cardan, homme doué d'une singulière puissance de vision, lui fournirent des matériaux. Il n'avait oublié ni Newton, qui resta pendant vingt-quatre heures à méditer, sans apercevoir les changemens introduits autour de lui par la nuit et le jour; ni Plotin, qui, séparé de Porphyre, devina l'intention où était celui-ci de se tuer, et accourut pour l'en dissuader; ni l'aventure plus récente et moins contestable arrivée, dans le siècle dernier, à une jeune Anglaise, qui, aimant passionnément un marin, partit de Londres pour aller le retrouver, et le retrouva sans guide au milieu des déserts de l'Amérique septentrionale, où elle arriva pour lui sauver la vie. Il avait mis à contribution les mystères de l'antiquité, les sorcelleries du moyen âge, les procès criminels, les recherches médicales ; discernant le fait vrai, le phénomène probable avec une admirable sagacité.

Cette riche collection d'anecdotes scientifiques recueillies dans tant de livres, la plupart dignes de foi, servit sans doute à faire des cornets de papier, et ce travail au moins curieux, dû à la plus extraordinaire des mémoires humaines, a dû périr.

Entre toutes les preuves dont l'œuvre de Lambert était enrichie, se trouvait une histoire arrivée dans sa famille, et qu'il m'avait racontée avant d'entreprendre son traité. Ce fait relatif à la post-existence (si je puis me permettre de forger un mot nouveau pour rendre un effet innommé) de l'être intérieur, me frappa si vivement que j'en ai gardé le souvenir.

Son père et sa mère eurent à soutenir un procès dont la perte devait entacher leur probité, seul bien des gens pauvres. Donc, l'anxiété fut grande quand il fut question de savoir si l'on céderait à l'injuste agression du demandeur, ou si l'on se défendrait contre lui. La délibération eut lieu par une nuit d'automne, devant un feu de tourbe, dans la chambre du tanneur et de sa femme.

A ce conseil furent appelés deux ou trois parens et le bisaïeul maternel de Louis, vieux laboureur tout cassé, mais d'une figure vénérable et majestueuse, dont les yeux étaient clairs, dont le crâne jauni par le temps conservait encore quelques mèches de cheveux blancs épars. Semblable à l'*Obi* des nègres, au *Sachem* des sauvages, c'était une espèce d'esprit oraculaire que l'on consultait dans les grandes occasions. Habituellement, il parlait peu, restait assis chez lui sans se mouvoir. Ses biens étaient cultivés par ses petits-enfans, qui le nourrissaient et le servaient. Il leur pronostiquait la pluie, le beau temps; leur indiquait le moment où ils devaient faucher ou rentrer les moissons; et la justesse barométrique de sa parole, devenue célèbre, augmentait toujours la confiance dans le culte dont il était l'objet. Il demeurait des journées entières immobile sur sa chaise. Cet état d'extase lui était devenu familier depuis la mort de sa femme, pour laquelle il avait eu la plus vive et la plus constante des affections.

Le débat eut lieu devant lui, sans qu'il parût y prêter une grande attention. Enfin, quand il fut requis de donner son avis.

— Mes enfans, leur dit-il, cette affaire est trop grave pour que je la décide seul ; il faut que j'aille consulter ma femme !...

Le bonhomme se leva, prit son bâton, et sortit, au grand étonnement de tous les assistans, qui le crurent tombé en enfance ; mais il revint bientôt et leur dit :

—Je n'ai pas eu besoin d'aller jusqu'au cimetière, votre mère est venue au-devant de moi, je l'ai trouvée au coin du ruisseau. Elle m'a dit que vous retrouveriez chez un notaire de Blois des quittances qui vous feraient gagner le procès.

Ces paroles furent prononcées d'une voix ferme. L'attitude, la physionomie de l'aïeul, annonçaient un homme pour lequel cette apparition était familière. En effet, les quittances contestées se retrouvèrent, et le procès n'eut pas lieu.

Cette aventure arrivée sous le toit paternel, et dont Louis fut témoin à l'âge de neuf ans, contribua beaucoup à lui faire croire aux visions miraculeuses de Swedenborg ; et, en avançant en âge, à mesure que son intelligence se développait, il devait être conduit à rechercher dans les lois de la nature humaine les causes du miracle qui avait attiré son attention dès l'enfance. Quel nom donner au hasard qui rassemblait, autour de lui, les faits, les livres relatifs à ces phénomènes, et le rendait lui-même le théâtre et l'acteur des plus grandes merveilles de la pensée?....

Quand Louis n'aurait, pour toute gloire, que d'avoir, à l'âge de quinze ans, affirmé le fait si étonnant de la faculté possédée par l'homme de projeter sa volonté; puis, d'avoir deviné la possibilité de cette séparation curieuse entre les deux natures dont, tôt ou tard, la science s'occupera; enfin, quand il n'aurait fait que proclamer la nécessité d'une analyse spéciale pour les phénomènes émanés de ces deux actions distinctes; ou, quand il n'aurait émis que cette pensée :

« Les événemens ont des causes généra-
« trices, dans lesquelles ils sont virtuellement
« préconçus comme nos actions sont accom-
« plies dans notre pensée, avant de se pro-
« duire au-dehors : les pressentimens et les
« prophéties sont *l'aperçu* des causes. »

Je crois qu'il faudrait déplorer en lui la perte d'un génie égal à celui des Pascal, des Newton, des Laplace.

Il formula peut-être au profit de sa chimère d'anges les principes sur lesquels s'appuieront les travaux futurs des psycologistes ; mais, n'est-ce pas en cherchant à faire de l'or que quelques hommes ont insensiblement créé la chimie ?

Cependant, si plus tard Lambert étudia l'anatomie comparée, la physique, la géométrie et toutes les sciences qui se rattachaient à ses découvertes, il dut nécessairement rassembler des faits et procéder par l'analyse, le seul flambeau qui puisse nous guider aujourd'hui à travers les obscurités de la moins saisissable de toutes les natures. Il avait certes trop de sens et de talent pour rester dans les langes des théories : elles se traduisent toutes par quelques mots, par des principes; et, aujourd'hui, la démonstration la plus simple est plus précieuse que les plus beaux systèmes. Mais ne l'ayant pas connu pendant l'époque de sa vie où il dut travailler avec le plus de fruit, je ne puis que conjecturer la portée de ses œuvres.

Six mois après la confiscation du traité sur *la volonté*, je quittai le collége. Notre séparation fut brusque. Ma mère, alarmée de la fièvre que j'avais et à laquelle mon inaction corporelle donnait les symptômes du *coma*, m'enleva du collége en quatre ou cinq heures. Lambert était d'une tristesse effrayante; nous nous cachâmes pour pleurer.

— Te reverrai-je jamais?.... me dit-il de sa voix douce, en me serrant dans ses bras.

— Tu vivras toi, reprit-il; mais moi, je mourrai.... Si je le peux, je t'apparaîtrai!...

Il faut être jeune pour prononcer de telles paroles avec un accent de conviction qui les fasse accepter comme un présage, comme une promesse dont on redoute l'effroyable accomplissement. Pendant long-temps, j'ai pensé vaguement à cette apparition promise; et il est encore certains jours de spleen, de doute, de terreur, de solitude, où je suis obligé de chasser les souvenirs de cet adieu mélancolique, qui cependant ne fut pas le dernier.

Lorsque je traversai la cour par laquelle nous sortions, Lambert était collé à une fenêtre grillée du réfectoire pour me voir passer. Sur mon désir, ma mère obtint la permission de le faire dîner avec nous à l'auberge; et, à mon tour, le soir, je le ramenai au seuil fatal du collége. Jamais un amant et une maîtresse ne se quittèrent avec plus de larmes que nous en répandîmes.

— Adieu; je vais être seul dans ce désert, me dit-il en me montrant les cours où deux cents enfans jouaient et criaient. Quand je reviendrai fatigué, demi-mort, de mes longues courses à travers les champs de la pensée, dans quel cœur me reposerai-je? Un regard me suffisait à te dire tout; mais qui donc maintenant me comprendra?... Adieu; je voudrais ne pas t'avoir rencontré, je n'aurais pas su tout ce qui va me manquer....

— Et moi, lui dis-je, que deviendrai-je?... ma situation n'est-elle pas plus affreuse? Je n'ai rien là pour me consoler, ajoutai-je en me frappant le front.

Il hocha la tête par un mouvement empreint

d'une grâce pleine de tristesse, et nous nous quittâmes. Je l'ai revu depuis; mais ce n'était plus le Lambert étincelant que j'avais connu!...

En ce moment, Louis Lambert avait cinq pieds deux pouces : il n'a plus grandi. Sa physionomie s'était développée, et attestait la bonté d'ange qui faisait le fonds de son caractère. Son visage et son regard n'avaient pas cette fierté audacieuse qui plaît dans certaines figures humaines ; mais il y éclatait un sentiment paisible et une sérénité ravissante : c'était la force dans toute sa conscience. Jamais rien de moqueur, d'ironique, n'altérait l'expression de sa figure. Il avait de jolies mains, bien effilées, et presque toujours humides. Son corps était une merveille digne de la sculpture ; mais nos uniformes gris-defer, à boutons dorés, nos culottes courtes, nous donnaient une tournure si disgracieuse, que la gentillesse de Lambert ne s'apercevait qu'au bain. Quand nous nagions dans notre bassin du Loir, Louis se distinguait par la blancheur de sa peau, qui tranchait sur les différens tons de chair de nos camarades, tous violacés, marbrés par l'eau et le froid. Il était, comme une fleur, délicat de formes, gracieux dans ses mouvemens, doucement coloré, ne frissonnant pas hors de l'eau, peut-être parce qu'il allait toujours se mettre au soleil, en s'étendant sur le gazon comme un jeune faon.

Il mangeait très peu, ne buvait que de l'eau, et généralement n'aimait pas tout ce qui ressemblait à de la recherche pour sa personne. Il penchait assez habituellement sa tête à gauche, et restait si souvent accoudé que ses habits étaient toujours percés au coude.

Quoique naturellement religieux, il n'admettait pas les pratiques de l'Église; mais ses idées sympathisaient avec celles de sainte Thérèse et de Fenélon, avec celles de plusieurs Pères et de quelques Saints, qui, de nos jours, seraient traités d'hérésiarques. Il était impassible pendant les offices. Sa prière procédait par des élancemens, par des élévations d'âme, mais capricieusement; car il se laissait aller en tout à la nature, et ne voulait pas plus prier que penser à heure fixe; en sorte qu'à la chapelle il pouvait tout aussi bien songer à Dieu que méditer quelque idée philosophique.

Jésus-Christ était pour lui le plus beau type

de son système. Le : *Et Verbum caro factum est!...* lui semblait de sublimes paroles destinées à exprimer l'alliance de l'ange et de l'homme. Cette phrase était la formule traditionnelle de la Volonté, du Verbe, de l'Action se faisant visibles. Le Christ ne s'apercevant pas de sa mort, ayant assez perfectionné, par ses œuvres divines, l'être intérieur, pour qu'un jour, la forme invisible en apparût à ses disciples, enfin tous les mystères de l'Évangile, même le don des langues, et les guérisons magnétiques du Christ, tout lui confirmait sa doctrine.

Je me souviens de lui avoir entendu dire, à ce sujet, que le plus bel ouvrage à faire aujourd'hui était l'*Histoire de l'Église primitive.* Jamais il ne s'élevait autant vers la poésie qu'au moment où il abordait, dans une conversation du soir, l'examen des miracles opérés par la puissance de la volonté pendant cette grande époque d'innocence et de foi. Il trouvait les plus grandes preuves de la séparation des deux natures dans presque tous les martyres subis pendant le premier siècle qu'il appelait *la grande ère de la pensée.*

— Les phénomènes arrivés dans la plupart

des supplices si héroïquement soufferts par les chrétiens et l'établissement de leurs croyances ne prouvent-ils pas que les forces matérielles du pouvoir ne prévalent jamais contre la force des idées et contre la volonté de l'homme ?... Concluons.

Je ne crois pas devoir parler de ses idées sur la poésie et sur la littérature, ni de ses jugemens sur les chefs-d'œuvre de notre langue. Il n'y aurait rien de bien curieux à consigner ici des opinions devenues presque vulgaires, mais qui, dans la bouche d'un enfant, pouvaient être extraordinaires. Il était à la hauteur de tout. Pour exprimer en deux mots son talent : il eût écrit *Zadig* et le Dialogue de Sylla et d'Eucrate. La grande rectitude de ses idées lui faisait désirer, avant tout, dans une œuvre un caractère d'utilité, de même que son esprit fin y exigeait la nouveauté de la pensée et de la forme.

L'une de ses appréciations littéraires les plus remarquables, et qui fera comprendre l'esprit de toutes les autres aussi-bien que la lucidité de ses jugemens, est celle-ci qui m'est restée dans la mémoire :

— *L'Apocalypse est une extase écrite.*

Il considérait la *Bible* comme la mythologie traditionnelle des peuples primitifs, et la Mythologie grecque comme la traduction de la *Bible* faite par une nation amoureuse de grâce. Du reste, il émettait l'opinion singulière, d'après la lecture de je ne sais quel ouvrage, que ces deux mythologies étaient un pâle reflet des livres sacrés de l'Inde, et que cette triple littérature impliquait toutes les pensées de l'homme. Il ne se faisait pas un livre, selon lui, dont le sujet ne s'y pût trouver en germe.

Toujours placé plus haut que la société, qu'il connaissait par les livres, et sur laquelle il planait, il la jugeait froidement.

— Les lois, disait-il, n'y arrêtent jamais les entreprises des grands ou des riches, et frappent les petits, qui ont, au contraire, besoin de protection!...

Sa bonté ne lui permettait donc pas de sympathiser avec les idées politiques; mais son système conduisait à l'obéissance passive dont Jésus-Christ donna l'exemple.

Pendant les derniers momens de mon séjour à Vendôme, il ne sentait plus l'aiguillon de la gloire. Il avait en quelque sorte joui de la renommée, abstractivement ; et, après l'avoir ouverte, il n'avait, comme les anciens sacrificateurs qui cherchaient la vérité dans le cœur des hommes, rien trouvé dans les entrailles. Méprisant donc un sentiment tout personnel :

— La gloire, me disait-il, est l'égoïsme divinisé.

Telle est la créature accomplie que j'ai connue pendant deux ans, et qui m'a offert le combat de la pensée réagissant sur elle-même et cherchant à surprendre les secrets de sa nature, comme un médecin qui étudierait les progrès de sa propre maladie.

Louis Lambert est l'être humain qui m'a donné l'idée la plus poétique et la plus vraie de cette créature imaginaire que nous appelons *un ange !* en exceptant toutefois une femme dont je voudrais pouvoir dérober au monde les traits, le nom, la personne et la vie, pour avoir été le seul dans le secret de son existence, et l'ensevelir au fond de mon cœur. J'ai cru devoir, malgré les difficultés de cette entreprise, essayer de peindre la jeunesse de Lambert, cette vie cachée à laquelle je suis redevable des seules bonnes heures et des seuls souvenirs agréables de mon enfance : hors de ces deux années, je n'ai eu qu'ennuis et troubles.

J'ai été très diffus, sans doute; mais faute de pénétrer dans la vaste étendue de l'âme, de l'imagination et du cœur de Lambert, trois mots qui représentent imparfaitement les modes infinis *de sa vie intérieure*, il serait presque impossible de comprendre la dernière partie de son histoire. Ceux qui n'auront pas encore quitté cette Notice seront, je l'espère, dans tout le secret des événemens qui me restent à raconter.

Lambert sortit du collége, à l'âge de dix-huit ans, vers le milieu de l'année 1815. Il avait perdu son père et sa mère depuis environ six mois. Ne rencontrant personne dans sa famille avec qui son âme, tout expansive, mais toujours comprimée depuis notre séparation, pût sympathiser, il se réfugia chez son oncle, nommé son tuteur, et qui, chassé de sa cure en qualité de prêtre assermenté, était venu demeurer à Blois.

Louis y resta pendant quelque temps ; mais, dévoré par le désir d'achever des études qu'il dut trouver incomplètes, il vint à Paris pour revoir madame de Staël, et pour puiser la science à toutes ses sources. Le vieux prêtre ayant une grande faiblesse pour Louis, lui laissa manger son héritage pendant un séjour de trois années à Paris, quoiqu'il y vécût dans la plus profonde misère. Il étudia le sanskrit, le grec, l'arabe, fouilla les bibliothèques, suivit tous les cours publics ; mais il finit par revenir à Blois vers le commencement de l'année 1820, chassé de Paris par les souffrances qui attendent les gens sans fortune. Son cœur y fut constamment froissé, son âme contristée ; car il n'y rencontra ni amis pour le consoler, ni ennemis pour donner du ton à sa vie.

Toujours contraint de vivre en lui-même, et ne partageant avec personne ses exquises jouissances, il voulut peut-être résoudre l'œuvre de sa destinée par l'extase, et rester sous une forme végétale, comme un anachorète des premiers temps de l'Église, abdiquant ainsi l'empire du génie et de la gloire. Certes, il avait dû beaucoup souffrir, recueillir bien de l'amertume en voyant les hommes, ou presser le monde entier par quelque terrible ironie, sans pouvoir en rien tirer, pour arriver, pauvre, à l'acte que certains souverains ont accompli, après avoir lassé toutes les choses humaines.

Peut-être aussi venait-il achever, dans la solitude, quelque grande œuvre entreprise dans son cerveau ; car personne, à cette époque, n'a été dans le secret de ses pensées. Il dut être en proie à de bien violens orages, à ces ouragans de volonté, à ces tempêtes de pensées par lesquelles tous les artistes sont agités, s'il faut en juger par le seul fait dont son oncle avait gardé la mémoire.

Louis, se trouvant au Théâtre-Français, assis sur la troisième banquette des secondes galeries, près d'un de ces piliers entre lesquels sont les troisièmes loges, vit, en se levant pendant le premier entr'acte, une jeune femme qui venait d'arriver dans la loge voisine. La vue de cette femme, sans doute jeune et belle, bien mise et décolletée, accompagnée d'un amant pour lequel sa figure s'animait de toutes les grâces de l'amour, produisit sur l'âme et les sens de Lambert un effet si cruel, qu'il fut obligé de sortir de la salle. S'il n'eût pas profité des dernières lueurs de sa raison, qui, dans le premier moment de cette brûlante passion, ne s'éteignit pas complétement, il aurait peut-être succombé au désir presque invincible qu'il ressentit alors, de tuer le jeune homme auquel s'adressaient les regards de cette femme. C'était, dans notre monde de Paris, un éclair de l'amour du Sauvage qui se jette sur la femme comme sur sa proie ou comme sur son ennemi; c'était l'instinct brutal joint à toute la rapidité des jets presque lumineux d'une âme comprimée sous la masse de ses pensées; le coup de canif dans une sphère plus large et plus élevée.

Quelques jours après son arrivée à Blois, Louis fut mené par son oncle, qui était très désireux de lui procurer des distractions, dans l'une des maisons où il allait habituellement passer la soirée. Ce pauvre prêtre se trouvait dans cette ville dévote comme un véritable lépreux, car personne ne se souciait de recevoir un révolutionnaire, un assermenté. Sa société consistait donc en quelques personnes de l'opinion dite alors libérale, patriote ou constitutionnelle, chez lesquelles il se rendait pour faire sa partie de wisth ou de boston. Pendant cette soirée, Louis vit une jeune personne que sa position forçait à rester dans cette société réprouvée par les gens du grand monde, mais dont la fortune était assez considérable pour faire supposer que, plus tard, elle pourrait contracter une alliance dans la haute aristocratie du pays.

Mademoiselle Pauline de Villenoix se trouvait seule héritière des richesses amassées par son grand-père, un juif, nommé Salomon, qui, contrairement aux usages de sa nation, avait épousé dans sa vieillesse une femme de la religion catholique. Il eut un fils élevé dans la communion de sa mère. A la mort de son père, le jeune Salomon acheta, suivant l'expression du temps, une savonette à vilain, et fit ériger en baronnie la terre de Villenoix dont il prit le nom. Il était mort sans avoir été marié, mais en laissant une fille naturelle à laquelle il avait légué la plus grande partie de sa fortune, et notamment sa terre de Villenoix. Un de ses oncles, M. Joseph Salomon, fut nommé, par M. de Villenoix, tuteur de l'orpheline. Ce vieux juif avait pris une telle affection pour sa pupille, qu'il paraissait devoir faire de grands sacrifices pour la marier honorablement. Mais l'origine de mademoiselle de Villenoix et les préjugés que l'on conserve en province contre les Juifs, ne lui permettaient pas, malgré sa fortune et celle de son tuteur, d'être reçue dans cette société tout exclusive qui s'appelle, à tort ou à raison, la Noblesse. Cependant M. Joseph Salomon prétendait qu'à défaut d'un hobereau de province, sa pupille pourrait choisir à Paris parmi les pairs libéraux ou monarchiques. Quant à son bonheur, le bon tuteur croyait pouvoir le lui garantir par les stipulations du contrat de mariage.

Mademoiselle de Villenoix avait alors vingt ans, et sa beauté remarquable, les grâces de son esprit, étaient pour sa félicité des garanties moins équivoques que toutes celles que donne la fortune.

Ses traits offraient dans sa plus grande pureté le caractère de la beauté juive, ces lignes ovales, si larges et si chastes, qui ont je ne sais quoi d'idéal et respirent les délices de l'Orient, l'azur inaltérable de son ciel, toutes les splendeurs de sa terre, les fabuleuses richesses de sa vie. Elle avait de beaux yeux noirs voilés par de longues paupières garnies de cils bien recourbés, épais et fournis. Une innocence toute biblique animait son front, et son teint avait la blancheur mate des robes du lévite. Elle restait habituellement silencieuse et recueillie ; mais ses gestes, ses mouvemens, témoignaient d'une grâce cachée, et ses paroles attestaient l'esprit doux et caressant de la femme. Cependant elle n'avait pas cette fraîcheur rosée, ces couleurs purpurines, dont les joues de la femme sont décorées pendant son âge d'insouciance ; des nuances brunes, mélangées de quelques filets rougeâtres, remplaçaient dans son visage la coloration, et trahissaient un caractère fort, une énergie, une irritabilité nerveuse que beaucoup d'hommes n'aiment pas à trouver dans une femme, mais qui, pour certains autres, est l'indice d'une passion supérieure et d'une fierté peu commune.

Aussitôt que Lambert aperçut mademoiselle de Villenoix, il devina l'ange caché sous cette forme. Alors toutes les facultés de son âme, si grandes, si fortes; sa pensée si vive, si exercée; sa pente vers l'extase, tout en lui se résolut par un amour sans bornes, par le premier amour du jeune homme, passion déjà si vigoureuse chez les autres, mais que la vivace ardeur de ses sens, que la nature de ses idées et son genre de vie durent porter à une puissance incalculable. Cette passion fut un abîme profond où le malheureux jeta tout!... abîme où la pensée s'effraie de descendre, puisque la sienne, si riche, si mobile et si aciérée, s'y perdit. Là tout est mystère, car tout se passait dans le monde moral dont il avait cru deviner l'existence et les lois.

Lorsque le hasard me mit en relation avec son oncle, le bonhomme m'introduisit dans la chambre habitée à cette époque par Lambert. Je voulais y chercher quelques traces de ses œuvres, s'il en avait laissé. Là, parmi des papiers dont le vieillard respectait le désordre avec cet exquis sentiment de douleur qui distingue les vieilles gens, je trouvai plusieurs lettres trop illisibles pour avoir été remises à mademoiselle de Villenoix.

La connaissance que je possédais de l'écriture de Lambert me permit, avec le temps, de déchiffrer les hiéroglyphes de cette sténographie créée par l'impatience et par la frénésie de la passion. Emporté par ses sentimens, il écrivait sans s'apercevoir de l'imperfection des lignes trop lentes à formuler sa pensée si rapide. Il avait dû être obligé de recopier ces essais informes où souvent les lignes se confondaient; mais peut-être aussi craignait-il de ne pas donner à ses idées des formes assez décevantes, et s'y prenait-il dans le commencement à deux fois pour ses lettres d'amour.

Quoi qu'il en soit, il a fallu toute l'ardeur de mon culte pour sa mémoire, et l'espèce de fanatisme que donne une entreprise de ce genre pour deviner le sens des cinq lettres qui suivent. Ces papiers, que je conserve avec une sorte de piété, sont les seuls témoignages matériels de son ardente passion, mademoiselle de Villenoix ayant sans doute détruit les véritables lettres qui lui furent adressées, fastes éloquens du délire qu'elle excita.

La première de ces lettres était évidemment ce qu'on nomme un brouillon, et il attestait par sa forme et son ampleur, ces hésitations, ces troubles de cœur, ces craintes sans nombre éveillées par l'envie de plaire, ces changemens d'expressions, et ces incertitudes entre toutes les pensées qui assaillent un jeune homme écrivant sa première lettre d'amour!... Lettre dont on se souvient toujours, dont chaque phrase est le fruit d'une rêverie, dont chaque mot excite de longues contemplations, où le sentiment le plus effréné de tous comprend la nécessité des tournures les plus modestes ; et comme un géant qui se courbe pour entrer dans une chaumière, se fait humble et petit pour ne pas effrayer une âme de jeune fille.

Jamais antiquaire n'a manié des palimpsestes avec plus de respect que je n'en eus à étudier, à reconstruire ces monumens mutilés d'une souffrance et d'une joie si sacrée pour ceux qui ont connu la même joie et la même souffrance.

I.

Mademoiselle, quand vous aurez lu cette lettre, si toutefois vous la lisez, ma vie sera entre vos mains, car je vous aime, et, pouvoir vous aimer, c'est pour moi la vie!... Je ne sais pas si d'autres n'ont point, en vous parlant d'eux, abusé déjà des mots que j'emploie ici pour vous peindre l'état de mon âme; croyez cependant à la vérité de mes expressions : elles sont faibles, mais sincères. Peut-être est-ce mal d'avouer ainsi son amour ? Oui, la voix de mon cœur me conseillait d'attendre en silence que ma passion vous eût touchée, afin de la dévorer, si les muets témoignages vous en déplaisaient; ou pour l'exprimer plus chastement encore que par d'impuissantes paroles, si je trouvais grâce à vos yeux. Mais, après avoir long-temps écouté les délicatesses dont s'effraie un jeune cœur, j'ai obéi, en vous écrivant, à l'instinct qui arrache des cris inutiles aux mourans. J'ai eu besoin de tout mon courage pour imposer silence à la fierté du malheur et pour franchir les barrières que les préjugés mettent entre vous et moi. Enfin, j'ai dû comprimer bien des pensées pour vous aimer malgré votre fortune, et pour vous écrire en redoutant ce mépris si souvent exprimé par une femme pour un amour dont elle écoute l'aveu comme une flatterie de plus parmi toutes celles qu'elle reçoit ou qu'elle pense. Aussi, faut-il s'élancer de toutes ses forces vers le bonheur, être attiré vers la vie de l'amour, comme l'est une plante vers la lumière, et avoir été bien malheureux, pour savoir vaincre les tortures, les angoisses de ces délibérations secrètes où la raison nous démontre de mille manières la stérilité des vœux de notre cœur, et où cependant l'espérance nous fait tout braver. J'étais si heureux de vous admirer en silence, j'étais si complétement abîmé dans la contemplation de votre belle âme, qu'en vous voyant, je n'imaginais rien au-delà. Non, je n'aurais pas encore osé vous parler, si je n'avais entendu annoncer votre départ ! A quel supplice un seul mot m'a livré !... Enfin mon chagrin m'a fait apprécier l'étendue de mon attachement pour vous : il est sans bornes !... Mademoiselle, vous ne connaîtrez jamais, du moins je désire que jamais vous n'éprouviez la douleur causée par la crainte de perdre le seul bonheur qui soit éclos pour nous sur cette terre, qui nous ait jeté quelque lueur dans l'obscurité de la misère !... Hier, j'ai senti que ma vie n'était plus en moi, mais en vous. Il n'y a plus pour moi qu'une femme dans le monde, comme il n'y a plus qu'une pensée dans mon âme. Je n'ose même vous dire à quelle alternative me réduit l'amour que j'ai pour vous ; ne voulant vous devoir qu'à vous-même, je dois éviter de me présenter accompagné de tous les prestiges du malheur : ne sont-ils pas plus puissans que ceux de la fortune sur de nobles âmes?... Je vous tairai donc bien des choses; car j'ai une idée trop belle de l'amour, pour le corrompre par des pensées étrangères à sa nature. Si mon âme est digne de la vôtre, si ma vie est pure, votre cœur en aura quelque généreux pressentiment, et vous me comprendrez ! Il est dans la destinée de l'homme d'offrir le premier la fleur de ses vœux à celle qui le fait croire au bonheur; votre droit, d'éternelle mémoire, est de refuser même le sentiment le plus vrai, s'il ne s'accorde pas avec les voix confuses de votre cœur : je le sais. Mais si le sort que vous me ferez doit être contraire à mes espérances, Mademoiselle, j'invoque toutes les délicatesses de votre âme vierge, aussi-bien que l'ingénieuse pitié de la femme; oui, je vous en supplie à genoux, brûlez ma lettre !... oubliez tout ! Ne plaisantez pas d'un sentiment respectueux et trop profondément empreint dans l'âme pour pouvoir s'en effacer. Brisez mon cœur, mais ne le déchirez pas !... Que l'expression de mon premier amour, d'un amour jeune et pur n'ait retenti que dans un cœur jeune et pur; qu'il y meure, comme une prière men-

tale va se perdre dans le sein de Dieu!... Je
vous dois de la reconnaissance : j'ai passé des
heures délicieuses occupé à vous voir, m'abandonnant aux rêveries les plus douces de
ma vie. Ne couronnez donc pas cette frêle et
passagère félicité par quelque moquerie de
jeune fille. Contentez-vous de ne pas me répondre, je saurai bien interpréter votre silence : vous ne me verrez plus. Si je dois être
condamné à toujours comprendre le bonheur, et à le perdre toujours; si je suis comme
l'ange exilé, conservant le sentiment des délices célestes, mais sans cesse attaché dans un
monde de douleur, eh bien! je garderai le
secret de mon amour, comme celui de mes
misères. Et... adieu... Oui, je vous confie à
Dieu, que j'implorerai pour vous, à qui je
demanderai de vous faire une belle vie; car
je ne vous quitterai jamais, même chassé de
votre cœur. Autrement, quelle valeur auraient
les paroles saintes de cette lettre, ma première
et ma dernière prière peut-être!... Je mériterais toutes mes angoisses si je cessais un jour
de penser à vous, de vous aimer, heureux ou
malheureux!

II.

Vous ne partez pas!... Je suis donc aimé! moi, pauvre être obscur? Ma chère Pauline, vous ne connaissez pas toute la puissance du regard auquel je crois, et que vous m'avez jeté pour m'annoncer que j'avais été déjà choisi par vous, par vous jeune et belle, qui voyez tout à vos pieds. Pour vous faire comprendre mon bonheur, il faudrait vous raconter ma vie! Si vous m'eussiez repoussé, pour moi tout était fini. J'avais trop souffert! Oui, mon amour, ce bienfaisant et magnifique amour était un dernier effort vers la vie heureuse dont mon âme avait soif, cette âme déjà brisée par des travaux inutiles, consumée par des craintes qui me font douter de tout, rongée par des désespoirs qui m'ont souvent persuadé de mourir. Non, personne dans le monde ne sait la terreur que ma fatale imagination me cause à moi-même. Elle m'élève souvent dans les cieux; puis, tout à coup, me laisse tomber à terre d'une hauteur prodigieuse. D'intimes élans de puissance, quelques rares et secrets témoignages de génie me font croire que je puis tout; j'enveloppe le monde par ma pensée, je le pétris, je le façonne, je le pénètre, je le comprends ou crois le comprendre; mais, soudain, je me réveille seul, me trouvant dans une nuit profonde, tout chétif, oubliant presque les lueurs que je viens d'entrevoir, privé de secours, et surtout sans un cœur où je puisse me réfugier!... Ce malheur de ma vie morale agit également sur mon existence réelle. La nature de mon esprit m'y livre sans défense aux joies du bonheur comme aux affreuses clartés de la réflexion ; et, voyant avec une même lucidité les obstacles et le succès, suivant ma croyance du moment, je suis heureux ou malheureux. Ainsi, lorsque je vous vis, j'eus le pressentiment d'une nature angélique ; je respirai l'air favorable à ma brûlante poitrine ; puis, je sentis en moi cette voix qui ne trompe jamais, et qui m'avertissait d'une vie heureuse ; mais apercevant aussi toutes les barrières qui nous séparaient, devinant pour la première fois les préjugés du monde, et les comprenant alors dans toute l'étendue de leur petitesse, les obstacles m'effrayèrent encore plus que la vue du bonheur ne m'exaltait. Aussitôt, je ressentis cette réaction terrible par laquelle mon âme expansive est refoulée sur elle-même. Le sourire que vous aviez fait naître sur mes lèvres se changea tout à coup en contraction amère, et je tâchai de rester froid, pendant que mon sang bouillonnait, agité par mille sentimens contraires !... Enfin, je reconnus cette sensation mordante à laquelle vingt-trois années pleines de soupirs réprimés et d'expansions trahies ne m'ont pas encore habitué. Eh bien, Pauline, le regard par lequel vous m'avez annoncé le bonheur a fait fondre toutes les glaces de ma vie, et vous a fait hériter de ces vingt-trois années si riches en félicités rêvées!.... Mon amour s'est trouvé grand tout à coup. Mon âme était un vaste pays auquel manquaient les bienfaits du soleil, et votre regard y a jeté soudain la lumière. Bon ange! vous serez tout pour moi, pauvre orphelin qui n'ai pas d'autre parent que mon oncle! vous serez toute ma famille, comme vous êtes toute ma richesse, et le monde entier pour moi. Vous m'avez jeté toutes les fortunes de l'homme par ce chaste, par ce prodigue, par ce timide regard. Oui, vous m'avez donné une confiance, une audace incroyable. Je puis tout maintenant!..... J'étais revenu à Blois, découragé. Cinq ans d'études au milieu de Paris m'avaient montré le monde comme une prison. Je concevais des sciences entières, et je n'osais en parler. La gloire me semblait un charlatanisme à laquelle une âme vraiment grande ne devait pas se prêter. Mes idées ne pouvaient donc passer que sous la protection d'un homme assez hardi pour monter sur les tréteaux, et parler d'une voix haute aux niais qu'il méprise. Cette intrépidité me manquait. J'allais, brisé par les arrêts de cette foule, désespérant d'en être jamais écouté. J'étais trop bas et trop haut!... Je dévorais mes pensées comme d'autres dévorent des humiliations. J'en étais arrivé à mépriser la science, parce que je lui reprochais de ne rien ajouter au bonheur réel. Mais depuis hier, en moi, tout est changé!... Je veux pour vous, les palmes de la gloire et tous les triomphes du génie!.... Je veux, en apportant ma tête sur vos genoux, y faire reposer tous les regards du monde, comme je veux mettre dans mon amour toutes les idées, et tous les pouvoirs!... La plus immense des renommées est un bien que nulle puissance ne peut créer... Eh bien! je puis, si je le veux, vous faire un lit de lauriers; mais si les gloires paisibles de la science ne vous satisfaisaient pas, je porte en moi le glaive et la parole, je courrai dans la carrière des honneurs et de l'ambition, comme d'autres s'y traînent!..... Parlez, Pauline, je serai tout ce que vous voudrez que je sois... Je puis tout, car je possède une volonté de fer. Vous

m'aimez!... Armé de cette pensée, un homme
doit pouvoir faire tout plier devant lui. Tout
est possible à celui qui veut tout. Soyez le prix
du succès, et demain j'entre en lice. Pour
obtenir un regard comme celui que vous
m'avez jeté, je franchirais le plus profond
des précipices. Vous m'avez fait comprendre
les fabuleuses entreprises de la chevalerie, et
les plus capricieux récits des Mille et une
Nuits; je crois maintenant aux plus fantasques exagérations de l'amour, et à la possibilité de tout ce que les prisonniers font pour
avoir la liberté!... Vous avez réveillé mille
vertus endormies dans mon être : la patience, la résignation, toutes les forces du
cœur, toutes les puissances de l'âme; je vis
par vous, et, pensée délicieuse, pour vous.
Maintenant tout a un sens, pour moi, dans
cette vie : je comprends même les vanités
de la richesse; je voudrais verser toutes les
perles de l'Inde à vos pieds, et vous voir
couchée ou parmi les plus belles fleurs ou
sur le plus moëlleux des tissus : instinct de
l'oiseau pour son nid!..... Toutes les splendeurs de la terre sont à peine dignes de
vous, en faveur de qui je voudrais pouvoir

disposer des accords et des lumières que prodiguent les anges dans les cieux. Pauvre studieux poète! je vous verse les trésors de la parole, et ne puis vous donner que mon cœur, où vous régnerez toujours : ce sont mes seuls biens. Mais n'est-ce donc pas un trésor que ma reconnaissance éternelle, mon sourire, dont le bonheur variera les expressions et l'attention constante de mon amour à deviner les vœux de votre âme fraternelle. Un regard céleste ne nous a-t-il pas dit que nous pourrions toujours nous comprendre et toujours nous aimer. J'ai donc maintenant une prière à faire tous les soirs à Dieu, une prière pleine de vous!...

— Faites que ma Pauline soit heureuse!...

Mais vous remplirez toutes mes heures, comme vous remplissez mon cœur!

Adieu, ange que je confie à Dieu!

III.

Pauline? dis-moi si j'ai pu te déplaire en quelque chose, hier?... Abjure cette fierté de cœur qui fait endurer secrètement les peines causées par un être aimé. Gronde-moi? Depuis hier, je ne sais quelle crainte vague de t'avoir offensée répand de la tristesse sur cette vie du cœur que tu m'as faite et si douce et si riche. Souvent, le plus léger voile qui s'interpose entre deux âmes devient un mur d'airain....

Il n'y a pas de légers crimes en amour! Si vous avez le génie de ce beau sentiment, vous devez en ressentir toutes les souffrances. Mais, mon cher trésor, sans doute la faute vient de moi, s'il y a faute!.... Je n'ai pas l'orgueil de comprendre un cœur de femme dans toute l'étendue de sa tendresse, dans toute la grâce de ses dévouemens; seulement, je tâcherai de deviner toujours le prix de ce que tu voudras me révéler dans les secrets du tien. Parle-moi, réponds-moi promptement... La mélancolie dans laquelle nous jette le sentiment d'un tort est bien affreuse, elle enveloppe la vie et fait douter de tout. Je suis resté pendant cette matinée assis sur le bord du chemin creux, voyant les tourelles de Villenoix, et n'osant aller jusqu'à notre haie. Si tu savais tout ce que j'ai vu dans mon âme; quels tristes fantômes ont passé devant moi, sous ce ciel gris, dont le froid aspect augmentait encore mes sombres dispositions. J'ai eu de sinistres pressentimens. J'ai eu peur de ne pas te rendre heureuse!... Il faut tout te dire, ma chère Pauline. Il y a des momens où l'esprit qui m'anime semble se retirer de moi; je suis comme abandonné par ma force;

alors, tout me pèse, chaque fibre de mon corps devient inerte, chaque sens se détend, mon regard s'amollit, ma langue est glacée, les désirs meurent, l'imagination s'éteint, et ma forme humaine subsiste seule. Alors, tu serais là dans toute la gloire de ta beauté, tu me prodiguerais tes plus curieux sourires et tes plus tendres paroles, il y aurait une puissance mauvaise qui m'aveuglerait, et me traduirait en sons discords la plus ravissante des mélodies. Alors, du moins je le crois, il se dresse devant moi je ne sais quel génie raisonneur qui me fait voir le néant au fond des plus certaines richesses; démon impitoyable qui fauche toutes les fleurs, et ricane des sentimens les plus doux, en me disant : « Eh bien! après?... » Il flétrit la plus belle œuvre en m'en montrant le principe. Je vois le mécanisme des choses et non leurs résultats harmonieux. En ces momens terribles où le mauvais ange s'empare de mon être, où la lumière divine s'obscurcit en mon âme sans que j'en sache la cause, je reste triste et je souffre, je veux être seul et muet. Ces heures de doute et d'inquiétude sont peut-être nécessaires; elles m'apprennent du moins à ne pas avoir d'orgueil, après les élans qui m'ont porté dans les cieux où je moissonne les idées à pleines mains ; car c'est toujours après avoir longtemps parcouru les vastes campagnes de l'intelligence, après des méditations lumineuses, que, lassé, fatigué, je tombe dans ces ténèbres. En ce moment, mon ange, une femme devrait douter de ma tendresse, elle le pourrait du moins!... Souvent, elle, capricieuse, maladive ou triste, réclamera tous les trésors d'une tendresse ingénieuse, et je n'aurai pas un regard pour la consoler.... J'ai la honte, Pauline, de t'avouer qu'alors je pourrais pleurer avec toi ; mais que rien ne m'arracherait un sourire. Et cependant, une femme trouve dans son amour la force de taire ses douleurs.... Elle sait, pour son enfant comme pour celui qu'elle aime, rire en souffrant.... Pour toi, Pauline, ne pourrais-je donc imiter la femme dans ses sublimes délicatesses?... Depuis hier je doute de moi-même. Si j'ai pu te déplaire une fois, si je ne t'ai pas comprise, je tremble d'être emporté souvent ainsi par mon fatal génie hors de notre bonne sphère. Si j'avais beaucoup de ces momens affreux!... si mon amour sans bornes ne savait pas racheter les heures mauvaises de ma vie, si j'étais destiné à demeurer tel que je suis!... La puissance est un bien fatal présent, si toutefois ce que je sens en moi est la puissance... Pauline, éloigne-toi de moi, abandonne-moi, je préfère souffrir tous les maux de la vie à la douleur de te savoir malheureuse par moi!... Mais peut-être le démon n'a-t-il pris autant d'empire sur mon âme que parce qu'il ne s'est point encore trouvé près de moi de mains douces et blanches pour le chasser. Jamais une femme ne m'a versé le baume de ses consolations, et j'ignore si, lorsque, en ces momens de lassitude, l'amour agitera ses ailes d'ange au-dessus de ma tête, il ne répandra pas dans mon cœur de nouvelles forces. Peut-être, ces cruelles mélancolies sont-elles un fruit de ma solitude, une des souffrances de l'âme abandonnée qui gémit et paie ses trésors inconnus par des douleurs inconnues. Aux légers plaisirs, les légères souffrances ; aux immenses bonheurs, des maux inouïs !... Quel arrêt!... S'il est vrai, ne devons-nous pas frissonner pour nous, qui sommes si heureux!... Si la nature nous vend les choses selon leur valeur, dans quel abîme allons-nous donc tomber? Ah! les amans les plus richement partagés sont ceux qui meurent ensemble au milieu des trésors de leur jeunesse et de l'amour!... Quelle tristesse!... Mon âme pressent-elle un méchant avenir?... Je m'examine.... Je me demande s'il y a quelque chose en moi qui doive t'apporter le plus léger souci?... Je t'aime peut-être en égoïste?... Je mettrai peut-être sur ta chère tête d'amour un fardeau plus pesant que ma tendresse ne sera douce à ton cœur.... S'il y a en moi une puissance inexorable à laquelle j'obéis; si je dois maudire quand tu joindras les mains pour prier, si quelque triste pensée me domine lorsque je voudrai me mettre à tes pieds pour jouer avec toi comme un enfant... Ne seras-tu pas jalouse de ce génie fantasque?... Comprends-tu bien, mon ange aimé, que j'ai peur de n'être pas tout à toi!... que j'abdiquerais volontiers la gloire, le génie, tous les sceptres, toutes les palmes du monde pour faire de toi mon éternelle pensée; pour voir, dans notre délicieux amour, une belle vie et un beau poëme; pour y jeter toute mon âme, y engloutir toutes mes forces, et demander à chaque heure les joies qu'elle nous doit!... Mais voilà que reviennent en foule mes souvenirs d'amour, les nuages de ma tristesse vont se dissiper. Adieu; je te quitte pour être mieux à toi.... Mon âme chérie, j'attends un mot, une parole qui me rende la paix du cœur. Que je sache si j'ai contristé ma Pauline, ou si j'ai été trompé par une douteuse expression de ton visage?.... Je ne voudrais pas avoir à me reprocher, même après toute une vie heureuse, d'être venu vers toi sans un sourire plein d'amour, sans une parole de miel. Affliger la femme que l'on aime!... Pour moi, Pauline, c'est un crime! Dis-moi la vérité, ne me fais pas quelque généreux mensonge; mais désarme ton pardon de toute cruauté!...

FRAGMENT.

Un attachement si complet est-il un bonheur? Oui! des années de souffrance ne paieraient pas une heure d'amour. Hier, ton apparente tristesse a passé dans mon âme avec la rapidité d'une ombre qui se projette. Étais-tu triste ou souffrais-tu? J'ai souffert! D'où venait ce chagrin? Écris-moi vite. Pourquoi ne l'ai-je pas deviné? Nous ne sommes donc pas encore complétement unis par la pensée? Je devrais, à deux lieues de toi comme à mille

lieues, ressentir tes peines et tes douleurs!...
Je ne croirai pas t'aimer tant que ma vie ne
sera pas assez intimement liée à la tienne pour
que nous ayons la même vie, le même cœur,
la même pensée... Je dois être où tu es, voir
ce que tu vois, ressentir ce que tu ressens, et
te suivre par la pensée. N'ai-je pas déjà su,
le premier, que ta voiture avait versé, que
tu étais blessée?... Mais aussi ce jour-là, je ne
t'avais pas quittée, je te voyais; et, quand
mon oncle m'a demandé pourquoi je pâlissais, je lui ai dit : « Mademoiselle de Villenoix vient de tomber.... » Pourquoi donc
n'ai-je pas lu dans ton âme, hier?... Est-ce
que tu voulais me cacher la cause de ce chagrin? J'ai cru cependant deviner que tu avais
fait en ma faveur quelques efforts malheureux
auprès du redoutable M. Salomon, qui me
glace. Cet homme n'est pas de notre ciel.
Pourquoi veux-tu que notre bonheur, qui
ne ressemble en rien à celui des autres, se
conforme aux lois du monde!.... Mais j'aime
trop tes mille pudeurs, ta religion, tes superstitions, pour ne pas obéir à tes moindres
caprices. Ce que tu fais doit être bien, car
rien n'est plus pur que ta pensée, comme

rien n'est plus beau que ton visage où se réfléchit ton âme divine. J'attendrai ta lettre avant d'aller par les chemins chercher le doux moment que tu m'accordes. Ah! si tu savais comme l'aspect des tourelles me fait palpiter, quand enfin, je les vois bordées de lueur par la lune, notre amie, notre seule confidente!

IV.

Adieu la gloire, adieu l'avenir, adieu la vie que je rêvais! Maintenant, chère ange, ma gloire est d'être à toi, digne de toi; mon avenir est tout entier dans l'espérance de te voir; et, ma vie... c'est de rester à tes pieds, de me coucher sous tes regards, de respirer en plein dans les cieux que tu me fais. Toutes mes forces, toutes mes pensées, doivent t'appartenir, à toi qui m'as dit ces enivrantes paroles : « Je veux tes peines ! » Ne serait-ce pas dérober des joies à l'amour, des momens au bonheur, des sentimens à ton âme divine que de donner des heures à l'étude, des idées au monde, des poésies aux poètes ?... Non, non, chère vie à moi, je te veux tout réserver ; je veux t'apporter toutes les fleurs de mon âme. Y a-t-il rien d'assez beau, rien d'assez splendide dans les trésors de la terre et de l'intelligence, pour fêter un cœur aussi riche, un cœur aussi pur que le tien, et auquel j'ose allier le mien ; car, parfois, j'ai l'orgueil de croire que je sais aimer autant que tu aimes !.... Mais non, tu es un *ange-femme*, et il y aura toujours plus de charme dans l'expression de tes sentimens, plus de parfum dans ton souffle, plus d'harmonie dans ta voix, plus de grâces dans tes sourires, plus de pureté dans tes regards que dans les miens !.... Oui, laisse-moi penser que tu es un ange d'une sphère plus élevée que la mienne.... Tu auras l'orgueil d'en être descendue, et moi celui de t'avoir méritée. Et tu ne seras peut-être pas déchue en venant à moi, pauvre et malheureux, car si le plus bel asile d'une femme est un cœur tout à elle, tu seras toujours souveraine dans le mien : aucune pensée, aucune action ne ternira jamais ce cœur, ce riche sanctuaire, tant que tu voudras y résider ; mais n'y demeureras-tu pas sans cesse ?... Ne m'as-tu pas dit ce mot délicieux : *Maintenant et toujours !...* ET NUNC ET SEMPER !... J'ai gravé sous ton portrait ces paroles évangéliques, dignes de toi, comme elles sont dignes de Dieu : il est, *et maintenant et toujours,* comme sera mon amour !... Non, non, je n'épuiserai jamais ce qui est immense, infini, sans bornes ; et tel est le sentiment que je sens en moi pour toi. J'en ai deviné l'incommensurable étendue, comme nous devinons l'espace, par la mesure d'une de ses parties !... Ainsi, j'ai eu des jouissances ineffables, des heures entières de méditations ravissantes en me rappelant un seul de tes gestes, ou l'accent d'une phrase... Il y aura donc des souvenirs sous le poids desquels il faudra succomber, si déjà la souvenance d'une heure douce et familière me fait pleurer de joie, attendrit, pénètre mon âme, et devient une intarissable source de bonheur. Aimer, c'est la vie de l'ange !... Il me semble que je n'épuiserai jamais le plaisir que je sens à te voir. Ce plaisir, le plus modeste de tous, mais auquel le temps manque toujours, m'a fait comprendre les éternelles contemplations dans lesquelles restent les Séraphins et les Esprits devant Dieu ; rien n'est plus naturel, s'il émane de son essence une lumière aussi fertile en sentimens nouveaux que l'est celle de tes yeux, de ton front imposant, de ta belle physionomie, céleste image de ton âme !... l'âme, cet autre nous-mêmes dont la forme pure ne périssant jamais rend alors notre amour immortel !.... Je voudrais qu'il y eût un langage autre que celui dont je me sers, pour t'exprimer les délices ineffables de mon amour !.... il y en a bien un ; il n'est qu'à nous : c'est la vivante parole de nos regards ; mais il faut nous voir pour entendre par les yeux ces interrogations et ces réponses du cœur, si vives, si pénétrantes que tu m'as dit un soir : — « Taisez-vous ! » quand je ne parlais pas... T'en souviens-tu, ma chère vie ?... Mais de loin, quand je suis dans les ténèbres de l'absence, il faut bien employer des mots humains pour rendre des sensations célestes, car les mots accusent au moins les sillons qu'elles tracent dans mon âme, comme Dieu résume imparfaitement toutes les idées que nous avons de ce mystérieux principe!... Encore, malgré la science du langage, n'ai-je jamais rien trouvé dans l'infini de ses expressions qui pût te peindre la délicieuse étreinte par laquelle ma vie se fond dans la tienne quand je pense à toi.... Puis, par quel mot finir, lorsque je cesse de t'écrire sans pour cela te quitter? Que signifie adieu, à moins de mourir... Mais la mort serait-elle un adieu? Alors mon âme ne se réunirait-elle pas plus intimement à la tienne? O toi, mon éternelle pensée!... naguère, je t'offrais à genoux mon cœur et ma vie; maintenant, quelles fleurs de sentimens trouverais-je en mon âme, pour te les envoyer? Ne serait-ce pas te donner une parcelle du bien que tu possèdes? n'es-tu pas mon avenir? Combien je regrette le passé! Ces années qui ne nous appartiennent plus, je voudrais te les offrir, et t'y faire régner comme tu règnes sur ma vie; mais qu'est-ce qu'un temps de mon existence où je ne te connaissais pas?... Ce serait le néant, si je n'avais pas été si malheureux.

FRAGMENT.

Ange aimé, quelle douce soirée que celle d'hier! Que de richesses dans ton cher cœur! ton amour est donc inépuisable, comme le mien!... Chaque mot m'apportait de nouvelles joies, et chaque regard en étendait la profondeur. L'expression calme de ta physionomie donnait un horizon sans bornes à nos pensées! oui, tout était alors infini comme le ciel, et doux comme son azur. La délicatesse de tes traits adorés se reproduisait, je ne sais par quelle magie, dans tes gentils mouvemens, dans tes gestes menus. Je savais bien que tu étais toute grâce et tout amour, mais j'ignorais combien tu étais gracieuse!... Tout s'accordait à me conseiller ces voluptueuses sollicitations, à me faire demander ces premières grâces qu'une femme refuse toujours sans doute, pour se les laisser ravir; mais non, toi, chère âme de ma vie, tu ne sauras jamais d'avance ce que tu pourras accorder à mon amour, et tu te donneras sans le vouloir peut-être; car tu es vraie, et n'obéis qu'à ton cœur... Comme la douceur de ta voix s'alliait aux tendres harmonies de l'air pur et des cieux tranquilles! Pas un cri d'oiseau, pas une brise : la solitude et nous! Les feuillages immobiles ne tremblaient même pas dans ces admirables couleurs du couchant qui sont tout à la fois ombre et lumière. Tu as senti ces poésies célestes, toi qui unissais tant de sentimens divers, et reportais si souvent tes yeux vers le ciel pour ne pas me répondre! Toi, fière et rieuse, humble et despotique, te donnant tout entière en âme, en pensée, et te dérobant à la plus timide des caresses! Chères coquetteries du cœur!... elles vibrent toujours dans mon oreille, elles s'y roulent et s'y jouent encore ces délicieuses paroles, à demi bégayées comme celles des enfans, et qui n'étaient ni des promesses, ni des aveux, mais qui laissaient à l'amour ses belles espérances, sans craintes et sans tourmens! Quel chaste souvenir dans la vie! Quel épanouissement de toutes les fleurs qui naissent au fond de l'âme, et qu'un rien peut flétrir, mais qu'alors tout animait et fécondait!... Ce sera toujours ainsi, n'est-ce pas, mon aimée?... En me rappelant, au matin, les vives et fraîches douceurs dont ce moment a été la source, je me sens dans l'âme un bonheur qui me fait concevoir le véritable amour comme un océan de sensations éternelles et toujours neuves où l'on se plonge avec de croissantes délices : chaque jour, chaque parole, chaque caresse, chaque regard doit y ajouter le tribut de sa joie écoulée... Oui, les cœurs assez grands pour ne rien oublier doivent vivre, à chaque battement, de toutes leurs félicités passées, comme de toutes celles que promet l'avenir!... Voilà ce que je rêvais autrefois, et ce n'est plus un rêve aujourd'hui ! N'ai-je pas rencontré sur cette terre un ange qui m'en a fait connaître toutes les joies pour me récompenser d'en avoir supporté toutes les douleurs !... Ange du ciel, je te salue par un baiser céleste !...

Je t'envoie cette hymne échappée à mon cœur, je te la devais ; mais elle te peindra difficilement ma reconnaissance et ces prières matinales que mon cœur adresse chaque jour à celle qui m'a dit tout l'évangile du cœur dans ce mot divin : — Croyez !...

V.

Comment, cœur chéri, plus d'obstacles!... Nous serons libres d'être l'un à l'autre, chaque jour, à chaque heure, chaque moment, toujours.... Nous pourrons rester, pendant toutes les journées de notre vie, heureux comme nous le sommes furtivement en de rares instans!... Quoi! nos sentimens si purs, si profonds, prendront les formes délicieuses des mille caresses que j'ai rêvées!... Ton petit pied se déchaussera pour moi!... tu seras tout à moi!.... Ce bonheur me tue, il m'accable. Ma tête est trop faible, elle éclate sous la violence de mes pensées. Je pleure et je ris; j'extravague. Chaque plaisir est comme une flèche, il me perce, et son feu me brûle!... Mon imagination te fait passer devant mes yeux ravis, éblouis, sous les innombrables et capricieuses figures qu'affecte la volupté.... Enfin, toute notre vie est là, devant moi, avec ses torrens, ses repos, ses joies; elle bouillonne, elle s'étale, elle dort; puis se réveille jeune, fraîche. Je nous vois tous deux unis, marchant du même pas, vivant de la même pensée; toujours au cœur l'un de l'autre, nous comprenant, nous entendant comme l'écho reçoit et redit les sons à travers les espaces.... Peut-on vivre long-temps en dévorant ainsi sa vie à toute heure? Ne mourrons-nous pas dans le premier embrassement!.... Et que sera-ce donc, si déjà nos âmes se confondaient dans ce doux baiser du soir, qui nous enlevait nos forces; ce baiser sans durée, dénouement de tous mes désirs, interprète impuissant de tant de prières échappées à mon âme pendant nos heures de séparation, et cachées au fond de mon cœur comme des remords. Moi qui revenais me coucher dans la haie pour entendre le bruit de tes pas quand tu retournais au château, je vais donc pouvoir t'admirer à mon aise, agissant, riant, jouant, causant, allant!.... Joies sans fin! Tu ne sais pas tout ce que je sens de jouissances à te voir marcher, aller et venir! Il faut être homme pour éprouver ces sensations profondes. Chacun de tes mouvemens me donne plus de plaisir que ne peut en prendre une mère à voir son enfant joyeux ou endormi. Je t'aime de tous les amours ensemble. La grâce de ton moindre geste est toujours nouvelle pour moi.... Il me semble que je passerais les nuits à respirer ton souffle... je voudrais me glisser dans tous les actes de ta vie, être la substance même de tes pensées.... Je voudrais être toi-même. Enfin, je ne te quitterai donc plus.... Aucun sentiment humain ne troublera plus notre amour, infini dans ses transformations et pur comme tout ce qui est un; notre amour vaste comme la mer, vaste comme le ciel!... Tu es à moi!... tout à moi!... Je pourrai

donc regarder au fond de tes yeux pour y
deviner la chère âme qui s'y cache, pour y
épier tes désirs !... Écoute, ange aimée, certaines choses que je n'osais te dire encore,
mais que je puis t'avouer aujourd'hui. Je sen-
tais en moi je ne sais quelle pudeur d'âme qui
s'opposait à l'entière expression de mes sentimens, et je tâchais de les revêtir des formes
de la pensée. Mais maintenant je voudrais
mettre mon cœur à nu, te dire toute l'ardeur
de mes rêves, te révéler l'ambition effrénée
de mes sens irrités par la solitude où j'ai vécu,
toujours enflammés par l'attente du bonheur,
et réveillés par toi, par toi si douce de formes,
si attrayante en tes manières !... Mais est-il
possible d'exprimer combien je suis altéré de
ces félicités inconnues que donne la possession
d'une femme, et auxquelles deux âmes bien
étroitement unies par l'amour, doivent prêter
une force de cohésion incalculable. Sache,
ma Pauline, que je suis resté pendant des
heures entières dans une stupeur causée par
la violence même de mes souhaits passionnés,
restant perdu dans le sentiment d'une caresse
comme dans un gouffre sans fond. En ces
momens, ma vie entière, toutes mes pen-

sées, toutes mes forces se fondent, s'unissent dans ce que je nomme un désir, faute de mots pour exprimer un délire sans nom.... et maintenant, je puis t'avouer que le jour où j'ai refusé la main que tu me tendais par un si joli mouvement, triste sagesse qui t'a fait douter de mon amour, j'étais dans un de ces momens de folie où l'on médite un meurtre pour posséder une femme!... Oui, si j'avais senti la délicieuse pression que tu m'offrais, aussi vivement que ta voix retentissait dans mon cœur, je ne sais où m'aurait conduit la violence de mes désirs!... Mais je puis me taire et souffrir beaucoup!... Pourquoi parler de ces douleurs quand mes contemplations vont devenir des réalités. Il me sera donc maintenant permis de faire de toute notre vie une seule caresse!... Chère, aimée, il y a tel effet de lumière sur tes cheveux noirs qui me ferait rester, les larmes dans les yeux, pendant de longues heures occupé à voir ta chère personne, si tu ne me disais pas en te retournant : « Finis, tu me rends honteuse !... » Demain, notre amour se saura donc !... Pauline ! ces regards des autres à supporter, cette curiosité publique me serre le cœur. Allons à Villenoix, restons-y loin de tout. Je voudrais qu'aucune créature ayant face humaine n'entrât dans le sanctuaire où tu seras à moi. Je voudrais même qu'après nous il n'existât plus, qu'il fût détruit; je voudrais dérober à la nature entière un bonheur que nous sommes seuls à comprendre, à sentir, et qui est tellement immense que je m'y jette pour y mourir : c'est un abîme. Ne t'effraie pas des larmes dont cette lettre est pleine, ce sont des larmes de joie!... Mon ange!... nous ne nous quitterons plus.

En 1822, j'allais de Paris en Touraine par la diligence. A Mer, le conducteur prit un voyageur pour Blois. En le faisant entrer dans la partie de la voiture où je me trouvais, il lui dit en plaisantant :

— Vous ne serez pas gêné là, monsieur Lefebvre !

En effet, j'étais seul. A ce nom, et en voyant un vieillard à cheveux blancs, qui paraissait au moins octogénaire, je pensai tout naturellement à l'oncle de Lambert.

Après quelques questions insidieuses, j'appris que je ne me trompais pas. Le bonhomme venait de faire ses vendanges à Mer, et retournait à Blois. Aussitôt je lui demandai des nouvelles de mon ancien *faisant ;* mais au premier mot, la physionomie du vieil oratorien, déjà grave et sévère comme celle d'un vieux soldat qui aurait beaucoup souffert, devint triste et brune ; les rides de son front se contractèrent légèrement ; il serra ses lèvres, me jeta un regard équivoque, et me dit :

— Vous ne l'avez pas revu depuis le collége ?

— Non, ma foi, répondis-je ; mais nous sommes aussi coupables l'un que l'autre, s'il y a oubli ; car, vous le savez, les jeunes gens mènent une vie si aventureuse et si passionnée en quittant les bancs de l'école, qu'il faut se retrouver pour penser les uns aux autres. Cependant, parfois, un souvenir de jeunesse arrive et il est impossible de s'oublier tout-à-fait, surtout lorsqu'on a été aussi amis que nous l'étions Lambert et moi, *le Poète-et-*

Pythagore!... Je lui dis mon nom; mais, en l'entendant, sa figure se rembrunit encore.

— Vous ne connaissez donc pas son histoire! reprit-il. Mon pauvre neveu devait épouser la plus riche héritière de Blois, mais, la veille de son mariage, il est devenu fou.

— Lambert, fou!.... m'écriai-je frappé de stupeur. Et par quel événement? C'était la plus riche mémoire, la tête la plus fortement organisée, le jugement le plus sagace que j'aie rencontrés!... Beau génie, frappé pour ainsi dire dans la logique, un peu trop passionné peut-être pour la mysticité... mais le meilleur cœur du monde!... Il lui est donc arrivé quelque chose de bien extraordinaire?

— Je vois que vous l'avez bien connu! me dit le bonhomme.

Alors depuis Mer jusqu'à Blois nous parlâmes de mon pauvre camarade, en faisant de longues digressions par lesquelles je m'instruisis des particularités que j'ai déjà rapportées pour donner aux faits un ordre logique. J'appris à son oncle le secret de nos études, la nature des occupations de son neveu; et le vieillard me raconta les événemens survenus dans la vie de Lambert depuis que je l'avais quitté.

A entendre M. Lefebvre, Louis Lambert aurait donné quelques marques de folie avant son mariage; mais ces symptômes lui étant communs avec tous ceux qui aiment passionnément, ils me parurent moins caractéristiques lorsque je connus et la violence de son amour et mademoiselle de Villenoix. En province, où les idées se raréfient, un homme plein de pensées neuves et dominé par un système comme l'était Louis, pouvait passer au moins pour un original; et, son langage devait surprendre d'autant plus qu'il parlait plus rarement; il disait : *Cet homme n'est pas de mon ciel*, là où les autres disaient : *Nous ne mangerons pas un minot de sel ensemble.* Chaque homme de talent a ses idiotismes particuliers; et, plus large est le génie, plus tranchées sont les bizarreries qui constituent les divers degrés d'*originalité;* or, en province, un original passe pour un homme à moitié fou.

Les premières paroles de M. Lefebvre me

firent donc douter de la folie de mon camarade ; et tout en écoutant le vieillard, j'en critiquais intérieurement le récit.

Le fait le plus grave était survenu quelques jours avant le mariage des deux amans. Louis avait eu un accès bien caractérisé de catalepsie. Il était resté pendant cinquante-neuf heures immobile, les yeux fixes, sans manger ni parler ; état purement nerveux dans lequel tombent quelques personnes en proie à une violente passion ; phénomène rare, mais dont les médecins connaissent parfaitement les effets. S'il y avait quelque chose d'extraordinaire, c'est que Louis n'eût eu qu'un seul accès de cette maladie, vers laquelle il était porté par sa constitution tout extatique, et par la nature de ses idées.

Jadis, nous avions qualifié d'admirable ce phénomène humain dans lequel Lambert voyait la séparation fortuite des deux natures, et les symptômes d'une absence complète de l'être intérieur usant de sa faculté locomotive sous l'empire d'une cause inconnue. Cette maladie, abîme tout aussi profond que le sommeil, se rattachait au système des preuves que Lambert avait données dans sa

Théorie de la Volonté. Au moment où M. Lefebvre me parla du premier accès de Louis, je me souvins tout à coup d'une conversation que nous eûmes à ce sujet après la lecture d'un livre de médecine.

— Une méditation profonde et une belle extase sont peut-être, me dit-il, en terminant, des catalepsies incomplètes.

Le jour où il me formula si brièvement cette pensée, il avait tâché de lier les phénomènes moraux entre eux, par une chaîne d'effets, en suivant pas à pas tous les actes de l'intelligence, commençant par les simples mouvemens de l'instinct purement animal qui suffit à tant d'êtres, surtout à certains hommes dont les forces passent toutes dans un travail purement mécanique; puis, allant à l'agrégation des pensées, arrivant à la comparaison, à la réflexion, à la méditation, enfin à l'extase et à la catalepsie. Certes, Lambert crut avec la naïve conscience du jeune âge avoir fait le plan d'un beau livre en échelonnant ainsi ces degrés des puissances intérieures de l'homme.

Je me rappelle que, par une de ces fatalités qui font croire à la prédestination, nous attrapâmes le grand *Martyrologe*, où sont contenus les faits les plus curieux sur l'abolition complète de la vie corporelle à laquelle l'homme peut arriver par la disjonction de ses deux modes d'existence. Alors Lambert, en réfléchissant aux effets du fanatisme, fut conduit à penser que les collections d'idées auxquelles nous donnons le nom de *sentiment*, pouvaient bien être le jet matériel de quelque fluide puissant. Nous nous passionnâmes pour la catalepsie, et, avec l'ardeur que les enfans mettent dans leurs entreprises, nous essayâmes de supporter la douleur *en pensant à autre chose*. Nous nous fatiguâmes beaucoup à faire quelques expériences assez analogues à celles dues au fanatisme des convulsionnaires dans le siècle dernier. Je montais sur l'estomac de Lambert, et m'y tenais plusieurs minutes sans lui causer la plus légère douleur; mais nous n'eûmes aucun accès de catalepsie.

Cette digression m'a paru nécessaire pour expliquer mes premiers doutes sur la folie de Lambert, doutes que M. Lefebvre dissipa complétement.

— Lorsque son accès fut passé, me dit-il, il tomba dans une terreur profonde, dans une mélancolie dont rien ne put le sortir. Il se crut impuissant. Je me mis à le surveiller avec l'attention d'une mère pour son enfant, et le surpris heureusement au moment où il allait pratiquer sur lui-même l'opération à laquelle Origène crut devoir son talent. Alors je l'emmenai promptement à Paris pour le confier aux soins de M. Esquirol. Pendant le voyage, Louis resta plongé dans une somnolence presque continuelle, et ne me reconnut plus. A Paris, les médecins le regardèrent comme incurable, et conseillèrent unanimement de le laisser dans la plus profonde solitude, en évitant de troubler le silence nécessaire à sa guérison improbable, et de le mettre dans une salle fraîche, où le jour serait constamment adouci.

— Mademoiselle de Villenoix, à qui j'avais caché l'état de Louis, reprit-il en clignant les yeux, mais dont le mariage passait pour rompu, vint à Paris, et apprit la décision des médecins. Aussitôt elle désira voir mon neveu, qui la reconnut à peine; puis elle voulut, d'après la logique des belles âmes, se consacrer à lui donner les soins nécessaires à sa guérison. Elle y aurait été obligée, disait-elle, s'il eût été son mari; devait-elle faire moins pour son amant? Aussi, elle a emmené Louis à Villenoix, où ils demeurent depuis deux ans.

Au lieu de continuer mon voyage, je m'arrêtai à Blois dans le dessein d'aller voir Louis. Le bonhomme Lefebvre ne me permit pas de descendre ailleurs que chez lui, où il me montra la chambre de son neveu, les livres et tous les objets qui lui avaient appartenu. A chaque chose, il échappait au vieillard une exclamation douloureuse par laquelle il accusait toutes les espérances que le génie précoce de Lambert lui avait fait concevoir, et le deuil affreux où le plongeait cette perte irréparable.

— Un jeune homme qui savait tout, mon cher monsieur !... me disait-il en posant sur une table le volume où sont contenues toutes les œuvres de Spinosa.

Le lendemain je partis pour Villenoix, et

le bonhomme m'accompagna jusqu'à la porte de Blois; mais, quand nous fûmes dans le chemin qui mène à Villenoix, il s'arrêta pour me dire :

— Vous pensez bien que je n'y vais point; mais n'oubliez pas ce que je vous ai dit; et, devant mademoiselle de Villenoix, n'ayez pas l'air de vous apercevoir que Louis est fou.

Puis restant à la place où je venais de le quitter, il me regarda jusqu'à ce qu'il m'eût perdu de vue.

Ce ne fut pas sans de profondes émotions que je cheminai vers le château de Villenoix. Mes réflexions croissaient à chaque pas dans ce chemin que Louis avait fait tant de fois, le cœur plein d'espérance, l'âme exaltée par tous les aiguillons de l'amour. Les buissons, les arbres, les caprices de cette route tortueuse dont les bords étaient déchirés par de petits ravins, acquirent un intérêt prodigieux pour moi : j'y voulais retrouver les impressions et les pensées de mon pauvre camarade. Sans doute ses conversations du soir, au bord de cette brèche où sa maîtresse venait le retrouver, avaient initié mademoiselle de Villenoix à tous les secrets de cette âme et si noble et si vaste, comme je le fus moi-même quelques années auparavant. Mais le fait qui me préoccupait le plus, et donnait à mon pélerinage un immense intérêt de curiosité, parmi les sentimens presque religieux qui me guidaient, était cette magnifique croyance de mademoiselle de Villenoix, dont le bonhomme m'avait parlé.

Avait-elle, à la longue, contracté la folie de son amant, ou était-elle entrée si avant dans son âme, qu'elle en pût comprendre les pensées même confuses? Je me perdais dans cet admirable problème de sentiment qui dépassait les plus belles inspirations de l'amour et ses dévouemens les plus beaux. Mourir l'un pour l'autre est un sacrifice presque vulgaire. Vivre fidèle à un seul amour est un héroïsme qui a rendu mademoiselle Dupuis immortelle; et lorsque Napoléon-le-Grand et lord Byron ont eu des successeurs là où ils avaient aimé, il est permis d'admirer cette veuve de Bolingbroke; mais mademoiselle Dupuis pouvait vivre par les souvenirs de plusieurs années de bonheur, tandis que mademoiselle de Villenoix n'ayant connu que les premières et pures émotions de l'amour, m'offrait le type du dévouement dans sa plus large expression. Folle, elle était sublime; mais comprenant, expliquant la folie, elle ajoutait à toutes les beautés du cœur un chef-d'œuvre de physiologie digne d'être étudié.

Lorsque j'aperçus les hautes tourelles du château, dont l'aspect avait dû faire si souvent tressaillir le pauvre Lambert, mon cœur palpita vivement, car je m'étais associé, pour ainsi dire, à sa vie et à sa situation en me rappelant tous les événemens de notre jeunesse.

Enfin, j'arrivai dans une grande cour déserte, et pénétrai jusque dans le vestibule du château sans avoir rencontré personne; mais le bruit de mes pas fit venir une femme âgée, à laquelle je remis la lettre que M. Lefebvre avait écrite à mademoiselle de Villenoix.... Bientôt la même femme revint me chercher, et m'introduisit dans une salle basse, dallée en marbre blanc et noir, dont les persiennes étaient fermées, et au fond de laquelle je vis mais indistinctement Louis Lambert.

— Asseyez-vous, Monsieur, me dit une voix douce qui allait au cœur.

Mademoiselle de Villenoix se trouvait à côté de moi sans que je l'eusse aperçue, et m'avait apporté une chaise sans bruit! L'obscurité était si grande, que dans le premier moment mademoiselle de Villenoix et Louis me firent l'effet de deux masses noires qui tranchaient sur le fond de cette atmosphère ténébreuse. Je m'assis, pénétré par ce sentiment qui nous saisit presque malgré nous sous les sombres arcades d'une église; et mes yeux, encore frappés par l'éclat du soleil, ne s'accoutumèrent que par degrés à cette nuit factice.

— Monsieur, lui dit-elle, est ton ami de collége?...

Lambert ne répondit pas.

Enfin je pus le voir, et il m'offrit un de ces spectacles qui se gravent à jamais dans la mémoire.

Il était debout, tenant ses deux coudes appuyés sur la saillie formée par la boiserie, en sorte que son buste paraissait fléchir sous le poids de sa tête qui retombait sur sa poitrine. Ses cheveux, aussi longs que ceux d'une femme, se bouclaient sur ses épaules, en entourant sa figure de manière à lui donner de la ressemblance avec les bustes qui représentent les grands hommes du siècle de Louis XIV. Son visage était d'une blancheur parfaite. Il frottait habituellement une de ses jambes sur l'autre par un mouvement machinal que rien n'avait pu réprimer, et ce frottement continuel produisait un bruit affreux dont j'eus horreur de me rendre compte.

Auprès de lui se trouvait un sommier de crin, incliné comme un lit-de-camp et posé sur une planche.

— Mais, me dit mademoiselle de Villenoix, il lui arrive très rarement de s'y coucher, quoique chaque fois il y dorme pendant trente-six ou quarante heures.

Il se tenait debout comme je le voyais, jour et nuit, les yeux fixes et sans jamais baisser les paupières comme nous en avons tous l'habitude.

Après avoir demandé à mademoiselle de Villenoix si un peu plus de jour ne causerait aucune douleur à Lambert, j'ouvris, sur sa réponse, légèrement la persienne, et pus voir alors l'expression de la physionomie de mon ami. Hélas! il n'y avait plus de lumière dans son regard : ses yeux étaient vitreux comme ceux d'un aveugle, et tous ses traits semblaient tirés par une convulsion vers le haut de sa tête. J'essayai de lui parler à plusieurs reprises, mais il ne m'entendit pas. C'était un débris arraché à la tombe, une espèce de conquête faite par la vie sur la mort, ou par la mort sur la vie.

Il y avait une heure environ que j'étais là plongé dans une indéfinissable rêverie, en proie à mille idées affligeantes, écoutant mademoiselle de Villenoix, qui me racontait dans tous ses détails cette vie d'enfant au berceau; lorsque tout à coup, Louis, cessant de frotter ses jambes l'une contre l'autre, dit d'une voix lente :

— Les anges sont blancs!...

Je ne puis expliquer l'effet que produisit sur moi cette parole et le son de cette voix qui m'était si connue, surtout après en avoir si péniblement attendu les accens. Mes yeux se remplirent de larmes malgré moi. Je ne sais quel pressentiment involontaire passa rapidement dans mon âme et me fit douter encore que Louis eût perdu la raison. J'étais cependant bien sûr qu'il ne me voyait ni ne m'entendait ; mais les irrésistibles harmonies de sa voix, qui eut quelque chose de céleste, et qui semblait accuser un bonheur divin, communiquèrent à cette phrase de mystérieux pouvoirs : c'était la révélation d'un monde inconnu qui tonna dans mon âme comme quelque magnifique sonnerie d'église au milieu d'une nuit profonde.....

Je ne m'étonnai plus que mademoiselle de Villenoix crût Louis parfaitement sain d'entendement. Peut-être la vie de l'âme avait-elle anéanti la vie du corps, et peut-être Pauline avait-elle, comme je l'eus alors, de vagues intuitions de cette nature fleurie et mélodieuse que nous nommons, dans sa plus large expression : LE CIEL !...

Mademoiselle de Villenoix restait toujours là, assise devant un métier à tapisserie, et chaque fois qu'elle tirait l'aiguille, elle regardait Lambert en exprimant un sentiment triste et doux.

Hors d'état de supporter cet affreux spectacle, dont je ne savais pas, comme Pauline, deviner tous les secrets, je sortis, et nous allâmes nous promener ensemble pendant quelques momens pour parler d'elle et de Lambert.

— Sans doute, me dit-elle, Louis doit paraître fou; mais il ne l'est pas, si le nom de fou doit appartenir seulement à ceux dont, par des causes inconnues, le cerveau se vicie, et qui n'offrent aucune raison de leurs actes; mais tout est parfaitement coordonné chez Louis... S'il ne vous a pas reconnu physiquement, ne croyez pas qu'il ne vous ait point vu. Il a réussi à se dégager de son corps, et nous aperçoit sous une autre forme, je ne sais laquelle. Quand il parle, il exprime des choses merveilleuses. Seulement, assez souvent il achève par la parole une idée commencée dans son esprit, ou commence une proposition qu'il achève mentalement. Pour les autres, il paraîtrait aliéné; mais moi, qui vis dans sa pensée, je parcours le chemin fait par son esprit, et, quoique je n'en connaisse pas tous les détours, j'arrive néanmoins au but avec lui... Peut-être un jour reviendra-t-il à cette vie dans laquelle nous végétons ; mais s'il respire l'air des cieux où il nous est permis d'exister, pourquoi souhaiterions-nous de le revoir parmi nous ?.... Contente d'entendre battre son cœur, tout mon bonheur est d'être auprès de lui. N'est-il pas à moi ? Depuis deux ans, je l'ai possédé pendant quelques heures, et j'ai été si heureuse que je puis bien vivre avec mes souvenirs.

— Mais, lui dis-je, écrivez-vous les paroles qui lui échappent ?

— Pourquoi ?... me répondit-elle.

Je gardai le silence ; les sciences humaines étaient bien petites devant cette admirable créature.

— Je me souviens de quelques mots qu'il a dits récemment, reprit-elle.

Je les lui demandai par un regard qu'elle comprit, et voici tout ce que je recueillis, en aidant toutefois sa mémoire ; car elle ne prêtait à ses paroles que l'attention de la femme aimante, et n'en soupçonnait ni le sens ni la portée :

La colère est un courant électrique. Sa

commotion agit sur les personnes présentes à un accès, quoiqu'il ne les concerne pas.

Il se rencontre des hommes qui cohobent les volontés des masses par une décharge de leur volonté.

Le fanatisme et tous les sentimens collectifs sont des fleuves de volonté qui renversent tout.

Les faits ne sont rien, ils n'existent pas, il n'y a que des idées.

De ton lit aux frontières du monde, il n'y a que deux pas : LA VOLONTÉ — LA FOI !...

L'abstraction est le plus beau produit de la pensée. Elle est plus que la graine qui contient les fleurs, les odeurs, le feuillage et le système d'une plante ; elle peut enfermer toute une nature en germe. L'abstraction est la reine de l'âme.

Presque tout est un phénomène de la substance éthérée, base de l'électricité. C'est le grand principe des transformations d'une même matière....

L'intuition est une des facultés de l'être intérieur ; elle réagit par une sensation imperceptible : Napoléon s'en allant instinctivement de sa place avant qu'un boulet n'y arrive, sans savoir pourquoi....

Après avoir été revoir encore une fois Lambert, je quittai mademoiselle Pauline, et je revins à Blois en proie à des idées si bizarres, si extravagantes que je renonçai, malgré ma promesse, à retourner à Villenoix.

La vue de Louis avait exercé sur moi je ne sais quelle influence sinistre. Je redoutai de me retrouver dans cette atmosphère enivrante où l'extase était contagieuse. Je n'ose dire qu'on y avait envie d'y tomber dans l'infini; de même que les soldats se suicidaient tous dans la guérite où s'était suicidé l'un d'eux au camp de Boulogne. On sait que l'Empereur fut obligé de faire brûler ce bois, dépositaire d'idées arrivées à l'état de miasmes mortels. Peut-être en était-il de la chambre de Louis comme de cette guérite? Ces deux faits seraient des preuves de plus en faveur de son système sur la transmission de la Volonté. J'y éprouvai certes des troubles extraordinaires dans la pensée, et qui surpassèrent les effets les plus fantastiques causés par le thé, le café, le spleen, l'opium, le sommeil et la fièvre, agens mystérieux dont ma tête a souvent subi les terribles actions.

Peut-être aurais-je pu transformer en un

livre complet tous ces débris de pensée, exorbitans seulement pour certains esprits habitués à se pencher sur le bord des abîmes afin d'en voir le fond. La vie de cet immense cerveau qui, sans doute, a craqué de toutes parts comme un empire trop vaste, eût été développée dans ce livre par le récit des visions de cet être incomplet par trop de force ou par faiblesse; mais j'ai mieux aimé rendre compte de mes impressions que de faire une œuvre plus ou moins poétique.

Lambert mourut à l'âge de vingt-huit ans, le 25 septembre 1824, entre les bras de son amie, qui le fit ensevelir dans une des îles du parc de Villenoix. Son tombeau consiste en une simple croix de pierre, sans nom, sans date. Fleur née sur le bord d'un gouffre, elle devait y tomber inconnue avec ses couleurs et ses parfums inconnus. Comme beaucoup de gens incompris, il avait souvent voulu se précipiter avec orgueil dans le néant en y perdant les secrets de sa vie!...

Au château de Saché, juin-juillet 1832.

FIN.

TABLE DES MATIÈRES

CONTENUES DANS CE VOLUME.

   Pages.

MAITRE CORNÉLIUS. 1

  I. Scènes d'église au xv⁰ siècle. 3
  II. Le Torçonnier. 35
  III. Le vol des joyaux du duc de Bavière. 69
  IV. Le trésor inconnu. 105

MADAME FIRMIANI. 133

L'AUBERGE ROUGE. 179

  I. Introduction. 181
  II. Les deux Sous-Aides. 189
    Interruption. 196
    Continuation. 198
  III. Les deux Justices. 221
    Interruption. 224
    Continuation. 225
  IV. Les deux justices. 243
  V. Le Cas de Conscience. 257
    Décision. 266

LOUIS LAMBERT. 271

FIN DE LA TABLE.

www.ingramcontent.com/pod-product-compliance
Lightning Source LLC
Chambersburg PA
CBHW071113230426
43666CB00009B/1941